Isabel Coixet Castillo. Direct... productora y escritora espa... películas cuando le regalaro... por su primera comunión. T... ...toria por la Universidad de ... a publicidad. Ganó muchos pr... y finalmente fundó su propia productora en el año 2000, Miss Wasabi Films.

En 1989, debutó como guionista y directora de cine, con el drama *Demasiado viejo para morir joven*, que le supuso la nominación al premio de Mejor director novel en los Goya. A esta le seguirían: *Things I never told you* (1996), su primera película en inglés; *A los que aman* (1998); *Mi vida sin mi* (2003), gracias a la cual alcanzó el éxito internacional; *La vida secreta de las palabras* (2005), premiada con cuatro Goyas; *Elegy* (2008); *Mapa de los sonidos de Tokio* (2009); *Aral. El mar perdido* (2010); *Escuchando al Juez Garzón* (2011), que ganó el Goya al Mejor documental; *Marea blanca* (2012); *Ayer no termina nunca* (2013), premiada con cuatro Biznagas de plata; *Another me* (2013); *Learning Drive* (2014); *Nobody wants the night* (2015), ese mismo año recibió la Medalla *Chevalier des arts et des lettres* por parte del Ministerio de Cultura Francés; *Talking about Rose. Prisoner of Hissène Habré* (2015); *Spain in a Day* (2016); *The bookshop* (2017); *Elisa y Marcela* (2019) y *Foodie Love* (2019), su primera serie.

NO TE VA A QUERER
TODO EL MUNDO

ISABEL COIXET

NO TE VA A QUERER TODO EL MUNDO

TEXTOS DE ISABEL COIXET

MALPASO

BARCELONA MÉXICO BUENOS AIRES NUEVA YORK

Para obtener este libro en formato digital escriba su nombre y apellido con bolígrafo o rotulador en la portada interior de página cinco. Tome luego una foto de esa página y envíela a <ebooks@malpasoed.com>. A vuelta de correo recibirá el *e-book* gratis. Si tiene alguna duda escríbanos a la misma dirección.

© Isabel Coixet, 2017
© Malpaso Ediciones, S. L. U.
C/ Diputació, 327, pral. 1.ª
08010 Barcelona
www.malpasoed.com

ISBN: 978-84-17893-55-2
Depósito legal: B-2143-2020
Primera edición: febrero de 2020

Impresión: Romanyà Valls
Diseño de interiores: Sergi Gòdia
Maquetación: Palabra de apache
Fotografía de portada: Carlos Montanyes

UN ANTIPRÓLOGO

Detesto los prólogos.
Detesto escribir prólogos.
Y detesto aún más ese detestable momento en que, no sabiendo cómo salir del compromiso en que yo misma, con la mejor voluntad, me he metido, acabo escribiendo un prólogo para salir del paso que luego ni gusta al amigo que me lo pidió ni me gusta a mí. Así que este antiprólogo* es una muestra de cariño a mis amigos a los que no he querido meter en el compromiso de escribir un prólogo.

ISABEL COIXET

* Los textos que se reúnen en este libro han sido publicados en *El Periódico de Catalunya*, en *El País* y en *Crónica Global*, en los últimos cuatro años. Si he ofendido a alguien con ellos, pido perdón desde ya, porque mi intención era esa.

BENIDORM, UN LUGAR LLENO DE FOCAS SIMPÁTICAS

Acaba de terminar la Navidad y aquí todos siguen de vacaciones menos ella. Y con ella las noventa personas que conforman el equipo que está a punto de rodar *Nieva en Benidorm*, su película número catorce y por la que aún sigue teniendo «mariposas en el estómago. Es cosa buena pero también hay vértigo, aunque no sea como el de hace años. Será porque ya sabes lo que puedes hacer, lo que saldrá, tienes un buen equipo, confías mucho en los actores y es tu historia... Supongo que es bonito que me siga pasando esto. Isabel Coixet elige Benidorm y sus rascacielos para volver a las alturas a dirigir. La película, que esta tarde empieza a ensayar con actores, dice que es fruto de una curiosidad».

—¿Qué estás haciendo aquí, Isabel?
—Eso me preguntan cada mañana los del equipo. Hace once años empecé a leer las noticias de un edificio con muchos problemas estructurales que hay en la zona de Levante y me empecé a obsesionar con él. Convencí a tres personas de mi equipo para venir aquí. El edificio era una metáfora de lo que estaba pasando en Europa. En aquel momento ya era como una simbología de este mundo Occidental que se desmorona, el mundo de Zaplana, de Rita Barberá, el reinado de una casta especial del PP, el mundo oscuro de la recalificación de terrenos. Contacté a un vecino para quedar, pero aquel día salieron personas del edificio amenazándonos. Era el año después de *La vida secreta de las palabras*. Les intenté explicar que yo era una cineasta seria... Nos tuvimos que ir. Era todo turbio. Les expliqué que no queríamos nada raro y no hubo manera. Nos pasamos días perdidos vagando por aquí. Nadie quería hablar. Vi que era difícil hacer un documental y, al regresar a Barcelona, escribí el guion de esta película, que es *Nieva en Benidorm*.

»La película tiene estructura de thriller. Es un poco *El tercer hombre* en Benidorm. Pasan muchas cosas, pero no se explica ninguna. Es el Benidorm del *brexit*, del cambio climático, de la soledad, de cómo somos esclavos de algo que no podemos controlar, como que nieve en Benidorm. En ese momento no se pudo ejecutar el proyecto por varios motivos. El guion se quedó en la recámara y yo empecé a trabajar en otras películas. Hasta hoy, que lo he recuperado.

Ahora también está preparando la próxima temporada de *Foodie Love*.

—¡Hola, Berta! ¡Felices *foodie* fiestas! ¡Ya tengo el título que quiero para el libro!

Me manda una captura de pantalla con una imagen que dice: No te va a querer todo el mundo.

—Hola, ¡Me encanta! ¡Qué bien! ¿Qué tal? ¡Feliz *foodie* viaje! ¿Nos vemos pronto en Benidorm?

—¡Venga!

—¡Bien!

Benidorm será un viaje de ida y vuelta con Esmeralda Berbel en un intenso fin de semana para hacernos una idea de alguien que tiene mucha idea de quién es. Hemos venido a entrevistarla.

—Soy curiosa.

»Soy maniática.

»Soy tenaz.

»Me muevo por impulsos.

»No soporto la tacañería. Porque el que es tacaño con el dinero también lo es con los sentimientos y con la vida.

»Me enfada la gente delgada que en la comida separa cosas del plato porque está a régimen. La sobrevaloración de ciertas cosas.

»Puedo llorar por una paloma ya no agonizante, sino que cojee un poco por la calle.

No hemos conseguido ningún titular. ¿Cuál sería el titular? Para hacerle preguntas no hacía falta ir a Benidorm. Las respuestas hubieran sido muy parecidas sentadas en el patio de su casa en el barrio de Gràcia. Pero estar ahí el fin de semana, acompañada de Esmeralda, que la conoce desde hace años, y de Cristina, su amiga del alma, nos ha llevado a muchos lugares fuera de la conversación. Por la noche tomamos quesos y vino en el local que trae ostras cada mañana de Biarritz. Todo barato y bueno. Luego nos lleva a ver un espectáculo de travestis porque quiere encontrar a un personaje para su película. Terminamos con una copa de champán en el hotel, hablando con ellas profundamente sobre la vida y la muerte.

Lo extraño no es estar en Benidorm. Es ver Benidorm a través de la mirada de Coixet, que no deja de leer los carteles de las tiendas y los anuncios que hay en la calle en voz alta. Encuentra el acento en todos los planos. Usa el iPhone sin parar. Mientras hablas con ella lo saca para tomar una foto a un perro disfrazado o al cartel de un bar especializado en bikinis.

«Benidorm es una ciudad a la que he acabado teniéndole cariño. No hablo de la construcción. Me interesa toda esta gente de diferentes lugares de Europa que hacen *carpe diem*. Es como el reino de la tercera edad. Aquí les ves activos».

Dice que, si no hubiera sido directora de cine, se podría haber dedicado a ser crítica gastronómica, por «la gran ventaja de comer profesionalmente. U, otra posibilidad, catadora de champán. Me imagino con Amélie Nothomb poniéndonos ciegas. Pero eso no, porque luego, mal. También podría ser jardinera, o... mmm... ¿Pasteles? ¿*Baker*?

—Muy estomacal, todo... Suerte de los jardines...

—¡Bueno, si pensamos en los huertos!».

Le pedimos que se describa en una línea: «Una cabezona que ama las anchoas. Y las croquetas».

Dice que es torpe.
Dice que es curiosa.
Dice que se deprime cuando no trabaja.
La repetición le aburre y horroriza.
No hace deporte.
Isabel Coixet es sensible, intransigente, potente a la hora de trabajar, de pensar. Ella cree que, como amiga, es «cariñosa, leal y a veces algo infantil». Es buena. Isabel Coixet es buena en los dos sentidos. Hemos visto cómo es de sólida, tierna, cercana y solidaria en su relación con Cristina, y cómo trata a las personas que la rodean. Tiene un don especial con los camareros, a quienes trata muy bien y con quienes bromea. Eso dice mucho de alguien. No es pretenciosa. Es amable y generosa. No le gusta mucho que la halaguen.

Su estilo está en todo. Ahora entendemos por qué le gusta tanto Japón. Es una esteta, y por eso se siente tan bien allá. «Japón fue un descubrimiento total. Pensé: me siento bien aquí. Les entiendo. Bueno, no les entiendo, pero les entiendo. Y me entienden».

Cuando le preguntamos sobre cómo le gustaría que fuera el mundo, se lo piensa y responde: «Un lugar lleno de focas simpáticas y de gente tierna y divertida».

Utiliza las palabras precisas, gesticula mucho y coloca las palabrotas en los momentos oportunos. Usa «mono» como adjetivo y le queda bien. Parece una joven traviesa y sabia, y usa un vocabulario amplio. Sopla de lado entre frase y frase. Siempre tiene dos gafas por estrenar. Le gustan el objeto gafa y el objeto zapato. Aunque ya no compra zapatos que le van pequeños pensando que algún día el pie se reducirá. Isabel Coixet ha madurado. A sus casi sesenta años le molesta que le pregunten cuál es el secreto de su juventud. Aunque parece que no le gusta que la abracen mucho, desprende calidez.

Recuerdo hace semanas cuando le pregunté si podíamos revisar el título de su libro y me contestó por escrito: «El título quiero que sea ese. ES ESE (en mayúsculas)».

«Trabajando soy como el General Patton. Pero el tanque también soy yo».

Como enemiga dice que es amnésica.
Como madre, un desastre.
Como hija, buena.
Como hermana cree que no se ha esforzado lo suficiente.
Como pareja, otro desastre. «Pero creo que soy bastante dedicada. Ahora soy bastante mejor. Menos exigente, más relajada. Yo pienso que ella es fuerte y frágil».

Duerme bien, tiene un televisor inteligente enorme en el dormitorio por estrenar esperándola y ha escogido un pueblo francés con muchas librerías como refugio. A Benidorm se ha llevado dieciocho libros en la maleta, dos latas de anchoas, una botella de champán «muy interesante» y cápsulas de café con sabor a avellana.

—¿Y que no tenga que ver con el estómago?
—¡No tiene nada que ver con el estómago el café con sabor a avellana!

Lee mucho, le interesa la cultura japofrancesa y le molesta lo relamido en cierto uso de los adjetivos. Conoce a los grandes del cine, pero no se deja apabullar por las críticas. Ni por las que no entendió en Berlín cuando estrenó *Nadie quiere la noche*. Confía en su instinto. Confía en su equipo, en los actores y en la decisión a la hora de escoger su próxima historia. A ella le gustaría que el mundo fuera «un lugar lleno de focas simpáticas y de gente tierna y divertida».

Se inspira en la cotidianidad y en cualquier lugar: en los trenes, en los bares, en las colas y en las salas de espera. Nos dice que le duelen muchas cosas y que su mayor miedo es que desaparezcan los sueños. Está con la antena siempre puesta pillando cosas, conversaciones, fotos con el teléfono. La actualidad también le detona creatividad. «Creo que es más bien la impotencia ante el estado del mundo. Escribir en el periódico es como mi pataleta, que nace entre la esperanza y el desánimo. Quiero creer que me enfado por las cosas que valen la pena [...]». Por temas como el *procés* ya no se esfuerza en tener una opinión. «Estoy superada».

«Me indigna, por ejemplo, que la gente critique a Greta Thunberg. Pienso: con la cantidad de hijos de puta que hay en el mundo... ¿de verdad hay que meterse con ella? Para muchos, lo que Greta les está recordando es lo que no están haciendo. Y esto también me lo aplico a mí. A veces yo también critico cosas con las que me tengo que parar un momento y pensar».

Lo que más le gusta de ella son sus pies. Lo que menos, «la furia española que me da de repente, el dragón que a veces llevo dentro que me nubla la vista y hace que durante cinco minutos sea una persona realmente insoportable. Y luego la sensación de culpabilidad horrible». Valora la coherencia.

El reconocimiento le importa, como a todos. Le importa porque, si no, no diría que le hubiera encantado tener la Palma de Oro en Cannes. Y cuando la escucho me pregunto por qué usa el pasado. Espero que su premio no llegue tan tarde como el de Agnès Varda, a quien tanto admira.

«Hay momentos en los que he pensado que había llegado el fin, pero no. No quiero olvidar que mis películas impactan en la vida de quienes las ven, aunque sea durante cinco minutos». Ese es el mejor aplauso que puede tener un contador de historias: que sus películas se conecten con el público. «Hacía cinco años que no pensaba en follar» o «es la primera serie que he conseguido que mi marido vea conmigo» son dos de los muchísimos mensajes que he leído últimamente en los *stories* de su Instagram. «Eso es un capital que tengo y a veces no lo valoro».

—¿Quién es la persona que mejor te conoce?
—Mi hija.
—¿Cuál es el mejor regalo que se te puede hacer?
—Entenderme.
—¿Un viaje?
—Japón, siempre. Una ruta por monasterios.

—¿Dónde te gusta estar?

—En una carretera de Francia con árboles en los dos lados.

En cuanto a sus otras aficiones, rápidamente estamos hablado de la escritura y de la lectura, de lugares, de descubrir una melodía, un restaurante...

Tiene fobia a que alguien se acerque con gotas o un bisturí a sus ojos y tiene fobia al oculista. Ella, que protege sus ojos con extravagantes gafas. Ella, que mira por encima de sus gafas para leer porque las bifocales son un mal invento. Ella, que es directora y también opera la cámara así, con dos cristales entre lo que rueda y el mundo. Solo ella sabe de qué están hechos esos cristales...

Le obsesiona seguir buscando. «Y no ser capaz de verbalizar lo que busco porque pienso que si lo verbalizo ya no lo necesitaré buscar».

Es viernes 10 de enero y el calendario lunar ha traído la primera luna llena del año, acompañada de un eclipse que no hemos visto.

Nos despedimos y le digo que si necesita algo del otro mundo no dude en pedirlo. «Bueno», contesta ya más dentro de su película que en la puerta del hotel... «Si vas a México hazme un embrujo de esos para desearme suerte».

La suerte la llevas dentro, Isabel, y no es gratuita. Llevas muchos años trabajándola para que se quede contigo. Ya la tienes.

P. D.: Recibo un wasap y leo: «Me gustaría poner una cita antes del prólogo: "No te va a querer todo el mundo, no eres una croqueta"».

P. D.²: Quien quiera ver la entrevista que grabó Jennifer, está colgada en YouTube, con el título que también tiene este texto.

Muchas gracias.

BERTA MONGÉ
13 de enero de 2020

PÍLDORAS

BOCACHANCLA MENTAL

Según el *urban dictionary*, un o una bocachancla es una persona que habla más de la cuenta: una persona indiscreta y bocazas. Todo el mundo, en algún momento de nuestra vida, lo hemos sido y lo somos. ¿A quién no se le escapa un comentario soez, malvado, desafortunado o directamente una confidencia que juramos no contar jamás? ¿Quién no se ha cagado en los muertos ajenos al volante, cuando se produce un adelantamiento peligroso o cualquier tropelía de un motorista con prisa? Soy muy consciente de mi propia bocachanclez y por eso me mantengo vigilante ante mis salidas de tono, que me dejan siempre un regusto amargo, culpable y triste, que ni aun las disculpas más sinceras consiguen mitigar. También intento distinguir entre el enfado genuino que da lugar a veces a exabruptos que me parecen justificados (aunque inútiles) y los cabreos pasajeros, frutos de manías y fobias que, aunque preferiría no tener, me parece que también forman parte de la idiosincrasia de cada uno y que no necesitan más que un rato de calma para diluirse en el aire.

Pero hay un sector de la vida que siempre consigue sorprenderme por el altísimo nivel de bocachanclas que posee y que, sinceramente, pienso que debería hacérselo mirar. Me refiero al fútbol. Cada vez que abro un diario deportivo o miro las noticias deportivas en los informativas, el nivel de insultos homófobos, sexistas y racistas, las metidas de pata, las salidas de tono y la violencia en general me parecen de un nivel difícilmente justificable. Sea en la liga de Primera División, en los alevines o en los clubes veteranos, los insultos que se cruzan entre jugadores, el público entre sí, y entre jugadores y público son de una violencia y una crudeza completamente injustificable y fuera de toda medida. Y las explicaciones de que es un asunto de testosterona, de emoción y de tensión y nervios son una pobre excusa. Un partido de Primera División no es un asunto de vida o muerte, y todo lo que se juega en él es un vago sentimiento de orgullo y pertenencia y muchos millones de euros para unos pocos. El último suceso que ha tenido por protagonistas a los veteranos del club Terrassa es realmente asqueroso: que los de un club insulten al equipo femenino de su propio club porque les iba a tocar empezar su partido más tarde es propio de una pandilla de descerebrados que deberían fregar los vestuarios del estadio cada día para el resto de sus vidas, que es el único castigo que se me ocurre que podría funcionar.

Señores, ustedes tienen un problema que se llama mala educación. Un problema que tiene solución: de entrada, callarse la boca y luego aprender a canalizar las emociones. Lo que hacemos los demás cuando les vemos a ustedes comportarse como cafres: insultarles mentalmente y luego pasar a otra cosa.

CAMINO A NINGUNA PARTE

Suena una de mis canciones favoritas de Talking Heads en la radio esta mañana y, mientras canturreo, pienso en todas las veces que, en una encrucijada en la vida, he sentido que todos los caminos llevaban a ningún sitio.

Hace veintiún años escribí una secuencia para una de mis primeras películas, *Cosas que nunca te dije*, donde la protagonista, Ann, recorría los pasillos de una librería buscando libros de autoayuda (tras haber pasado un rato recorriendo los pasillos de un supermercado en busca de helado, que es la escena que todo el mundo recuerda), sin encontrar nada que sintiera capaz de ayudarla en su desesperación vital. Hoy, las librerías poseen secciones enteras destinadas a la autoayuda con libros que prometen, de manera rápida, indolora y fácil, solucionar cualquier problema, desde la soledad a la depresión, pasando por la caspa o la pobreza. Estos manuales amenazan con fagocitar a los libros de filosofía, que se defienden como pueden, utilizando también colores llamativos y títulos sensacionalistas en los que se repiten como un mantra los términos «en tres días», «para siempre» y «en tu poder». A veces parece que la única diferencia entre estos es que los autores de los libros de autoayuda salen sonrientes en la foto de la contraportada, mientras que los filósofos salen invariablemente serios. Conocidas figuras de la televisión, pseudocharlatanes, hijos e hijas de semifamosos escriben sin miedo al ridículo decálogos para ser más feliz, más alto, más listo y hasta más guapo, para alcanzar el nirvana, la riqueza, la alegría y la paz y el poder mental, en cómodas lecciones que, hasta en algunos casos, permiten el acceso a una *app* para monitorizar los progresos, de haberlos. Cualquier debate mínimamente intelectual queda así rebajado a fórmulas mágicas, a soluciones instantáneas que quieren a toda costa convencernos de que basta con realmente desear cambiar para conseguirlo y que si no lo conseguimos es porque no deseamos cambiar de verdad.

Y ni la vida ni el aprendizaje son así. Vivir, vivir de una manera auténtica ni es fácil, ni sencillo ni indoloro. Requiere esfuerzo físico e intelectual, requiere sacrificio, requiere tiempo y requiere agallas. Y no existen fórmulas mágicas, ni atajos, ni secretos absurdos ni reglas que invariablemente se deban seguir. Uno debe construir su camino de vida aceptando que otros, mejores y más sabios que nosotros, estuvieron antes destilando conocimientos e ideas que sirvieron de camino a otros. El «eureka» de Arquímedes no se produjo la primera vez que Arquímedes tomó un baño, le costó muchos baños, y muchas horas y años de exprimirse el cerebro. En estos tiempos de la posverdad (el concepto que más miedo me da en el mundo), donde Zuckerberg se codea con la trilateral, hay que recordar más que nunca quiénes somos y de dónde venimos. Solo así podremos saber adónde vamos. Aunque sea a ninguna parte.

COSAS DE LA EDAD

Todo lo que sabemos sobre el paso del tiempo es que, por mucho que uno diga que la alternativa a cumplir años es francamente nefasta, poca gente afirma amar su edad, cuando esta es ya manifiestamente provecta. Cuando era una niña, detestaba serlo y siempre me ponía años. Ahora mismo, una ola de incredulidad me invade cuando veo lo que pone mi documento de identidad. La cifra me impresiona y, como sé que impresiona también al que tengo enfrente, procuro que quede claro que a mí misma me impresiona más. Sé que sigo viva y despierta y abierta al mundo, y que, en días buenos, alguien puede echarme dos o tres años o cinco menos. Pero espero con inquietud el día en que mi edad real me alcance y ya no me suelte: sé que está ahí agazapado, sé que llegará. Como ya dijo Montaigne en uno de sus más amargos ensayos, el problema de envejecer es que uno continúa siendo joven. Y un día, una persona arrugada, encorvada, confusa y ajena nos devuelve la mirada reflejada en un escaparate y nos damos cuenta de que no es un o una transeúnte, sino nosotros mismos. Y cuesta conciliar esa imagen que de nosotros tenemos con ese ser que se acerca peligrosamente a la fragilidad y al encogimiento.

Sin embargo, en algunos momentos, sin que lo busquemos, aparece en nosotros el niño de cinco años, la adolescente de catorce, el joven de veintitrés. Nos invade una rabia sorda que, si no fuera porque sufrimos de las rodillas, nos empujaría a tirarnos al suelo en cualquier lugar y empezar a patalear, como un niño cuyos padres se empeñan en llevar de compras a un centro comercial el día que empiezan las rebajas. Otras veces, una canción, un olor, una palabra nos llevan a otros momentos de la vida: al momento en que descubrimos a Mahler o a Bioy Casares, o a Cezanne o a los Talking heads. Por un momento, vemos y oímos el mundo con ojos nuevos y oídos nuevos. Perdemos la molesta sensación de *dejà vu*, de que, cuando los otros van, nosotros hemos ido y vuelto mil veces, dejamos de ser seres cautelosos, resabiados, desconfiados, se nos repliega el rictus de la amargura, se nos alisa el entrecejo. Nos elevamos por encima de los años y las maneras y las convenciones: por unos instantes brillamos sin edad y sin límites.

En mí, confieso que son más comunes los momentos de rabieta: cada vez que veo las caras de Trump, de Orban, de Salvini o de Torra, me tiraría al suelo golpeándolo con los puños con furia. No lo hago, claro está, y me limito a musitar para mí: «Pero ¿qué mierda es esta?, pero ¿qué clase de mierda es esta?». A esto nos reducen los tipos que mandan ahora mismo: no hay resquicio posible para el sentido común, la decencia, la empatía, el honor: todo lo que desearías es darles un puñetazo o varios. Supongo que la manera en que controlo mi espanto sin soltar improperios y no alzo la voz ante los extraños es la señal inequívoca de que he entrado en la madurez con muy mal paso.

TANTAS GRACIAS

El escritor Paul Auster ha mencionado en multitud de ocasiones uno de los sucesos que marcó su vida. Cuando tenía siete años, su madre le envió a un campamento de verano en la montaña. Saliendo de excursión con unos compañeros, empezó a caer una tormenta torrencial y los niños corrieron a resguardarse. Al encontrar un cerramiento de alambre, uno de los chavales, el que más corría, intentó subirse por ella, con tan mala suerte que cayó un rayo en ese momento y el niño murió en el acto. Los otros niños siguieron corriendo, y Paul Auster, pensando que su amigo aún estaba con vida, se quedó con él y empezó a observar los diferentes cambios físicos que sufrió el cadáver: la súbita rigidez, los labios morados, la mirada vacía. Paul Auster afirma que ese momento fue fundamental en su vida y en su carrera, porque fue por primera vez consciente de lo efímera y aleatoria (dado que fue pura casualidad que fuera el otro y no él mismo el que fuera alcanzado por el rayo) que es la vida. Y también porque sintió un intenso agradecimiento porque el destino le había dado una segunda oportunidad, aunque se la hubiera denegado a su amigo. Desde entonces, cada mañana, Paul Auster, antes de salir de la cama y esté donde esté, dice: «Gracias». A la vida, al destino, al rayo, a su propia torpeza por no ser tan buen corredor como el niño fallecido. A menudo estos encuentros con la mortalidad nos hacen ser conscientes de lo corta y azarosa que es nuestra existencia y, al menos durante un tiempo, un sentimiento intenso de agradecimiento nos embarga y nos hace ver lo que nos rodea con otros ojos. Por circunstancias que no tienen nada que ver con tormentas o rayos, he tenido, no hace demasiado, un topetazo con la muerte y me he sorprendido a mí misma musitando, si no todas las mañanas, sí con frecuencia, no sé a qué o a quien: «Gracias». Gracias por dejarme sentir como el aire entra en mis pulmones y los abandona imperceptiblemente, gracias por el sudor y el frío y el hielo y la escarcha y los arcoíris y el barro y las puestas de sol, aunque sean solo una alucinación óptica, aunque sean mentira. Gracias por los libros y la música y las películas y la pintura y el ruido de las golondrinas y el zureo de las palomas y el ronroneo de los gatos. Gracias por los dolores de cabeza que me hacen recordar que tengo una, que soy vulnerable, que soy mortal. Gracias por esta vida a veces hermosa, a menudo terrible e inasible y ajena. Gracias por las auroras boreales, aunque duren apenas unos segundos, aunque donde vivo nunca las veamos. Gracias por el vino tinto y el champán y los zumos de manzana con limón y jengibre.

Y sobre todo, gracias por que un buen día de primavera, una chica de Salamanca y un chico de Barcelona se encontraron en una sala de baile y ya no se alejaron nunca el uno del otro y luego, años después, me recibieron en su vida. Gracias.

RAMBLAS ARRIBA

Tengo una foto con mi padre, yo debería tener cuatro años en ella, delante de la estatua de Colón.

Sonrío y él está con sus manos protectoras en mis hombros. Creo que nos la hizo uno de esos fotógrafos que andaban por entonces, en los sesenta y bien entrados los setenta, a la altura de Atarazanas, con su carrito rojo (yo lo recuerdo rojo) ofreciéndose a hacer fotos a los paseantes. De cuando en Barcelona el turismo era algo exótico e impensable. Quizás fue mi madre o uno de mis tíos. Tengo la foto, ya algo descolorida, colgada en el muro de mi despacho.

Esta tarde me acerco a Colón en metro y decido remontar Las Ramblas. Los alumnos de una escuela de jardinería están montando instalaciones de flores porque son los días de la Festa del Roser, festividad que desconocía, pero, si se trata de celebrar flores y ramos, todo me parece poco. Subo despacio. Me detengo en los quioscos, que son un auténtico vicio para todos los *lletraferits* de las revistas, cuanto más raras mejor. No entiendo muy bien qué pintan esas docenas de amuletos *made in China* que prometen fortuna y suerte en forma de pulseras, anillos, colgantes y hasta ambientadores de coche. Los turistas de Las Ramblas adoptan un uniforme que es el mismo de cualquier gran bulevar europeo: mochila, chancla, pantalón corto, palo de *selfie*.

Como si, automáticamente, dejaran en casa o en el hotel los zapatos y el pantalón largo al pisar este lugar. Un grupo de coreanos sigue a una mujer con un palito al que ha atado un pañuelo azul. Les lleva a la Plaza Real. Esta plaza también está ligada a mi infancia, a la fascinación por las cámaras, a la vez que, de muy pequeña, mi padre me trajo aquí y me dijo en voz baja que estaban rodando una película y que aquel hombre enorme sentado en una poltrona era un genio y se llamaba Orson Welles, y yo le pregunté: «¿y dónde está la lámpara?», porque los únicos genios que conocía salían de una lámpara cuando la frotabas.

25

Y a mi adolescencia, el bar Glaciar, Carmen y Potau, el intento de hacer teatro en el sótano del bar, la lucha de Potau por traer otro público a la plaza, por dinamizarla, los años donde no era aconsejable pisarla, la tienda de taxidermia que me fascinaba, las mañanas de domingo de filatelia y numismática con mis padres. La Coca-Cola con aceitunas rellenas que aún hoy me hace salivar: mi modesta e infantil magdalena de Proust. Hay mujeres con cartones plastificados que ofrecen masajes a veinte euros. Chicas que te dan folletos de restaurantes de comida latina, pakistaní, siria. Camareros con menús en ristre. Grupos que salen de La Boquería con pinchos de fruta, de jamón, de queso, zumos de colores imposibles.

Pienso que quizás algunos de ellos sepan ver qué hay detrás de tanta trampa gastronómica para turista, de tanta foto de paella congelada, que sepan distinguir entre el color y el colorante, entre lo vistoso y lo auténtico. No parece tan difícil, no lo parece...

Liceo: el momento que nunca olvidaré, cuando tuve la fortuna de ser la primera persona que filmó la platea llena de nuevo, tras el incendio. *Macbeth. La sonámbula. Lear. Don Giovanni.* Ese temblor dorado, ese cosquilleo anticipatorio que se siente siempre en el vestíbulo del Liceo.

Entro en una tienda de revistas donde, desde hace años, siempre encuentro tesoros que no se pueden encontrar en ningún otro lugar. Salgo con cuatro revistas después de ojear más de cuarenta. La encargada de la tienda me sigue ya en la calle. Me dice que le hubiera gustado enviarme un vídeo de su madre, que acaba de fallecer, se emociona, se disculpa. No hay de qué disculparse, le digo. Su madre, que creció en estas mismas Ramblas, que fue abandonada nada más nacer, que luchó contra viento y marea para que el pasado no oscureciera su vida ni la de su hija, que para siempre estará ligada a estos adoquines, a este lugar. Llora. Lloro. Nos abrazamos. En un instante fugaz, esta mujer me ha vuelto a recordar que Las Ramblas son el corazón y el estómago y la historia viva de esta ciudad. Y el pulso también de mi vida.

DICKENS TENÍA RAZÓN

Los amigos, los buenos, los de verdad, son como las vigas del edificio que es nuestra vida. Aunque no los veamos a menudo, aunque nos olvidemos de sus cumpleaños o incluso cuando no asistamos a los funerales de sus seres queridos, sabemos que están ahí y que no hace falta que digan «estoy aquí para lo que necesites», porque realmente están. El hilo que une a los amigos es capaz de resistir avatares y faltas y hasta errores de bulto. La profundidad de una amistad no puede juzgarse por la proximidad o la regularidad en la comunicación, sino por la generosidad con la que cada uno acepta las faltas del otro. Es una manera de sentirse humano, vulnerable, aceptado: los amigos nos aceptan como somos porque nosotros también los aceptamos a ellos en un *pack* completo, aunque nos molesten sus tics, alguna manía o incluso cuando no nos pongamos de acuerdo sobre la bondad de las croquetas de un bar o la genialidad de Xavier Dolan, la amistad es capaz de remontar desacuerdos profundos, disensiones, criterios diametralmente opuestos.

Las mejores amistades evolucionan con el tiempo, y es tan fácil retomar el hilo de una conversación de hace seis años como continuar un diálogo que se empezó ayer. Otro signo fácil de reconocer la amistad es la alegría que nuestros éxitos producen en nuestros amigos y la manera en que nos acompañan en los fracasos.

Fechas como fin de año o Reyes nos hacen sentir de una manera casi palpable la ausencia de los amigos que se fueron. Las celebraciones compartidas, los momentos felices y tensos y complicados porque en el camino de vida de una amistad hay de todo. Si cierro los ojos, puedo ver, en esta misma habitación desde la que escribo, los brazos alzados de mi amigo Potau, que cada fin de año nos ofrecía su peculiar coreografía de orangután enloquecido tras la cena en la que había mirado sospechosamente todos los alimentos que no conocía y se negaba a comer. Le veo sentado a la mesa, brindando con Coca-Cola, mientras retiraba la grasa del jamón o el queso del pan. Le puedo oír animando a todo el mundo a bailar con la alegría de un niño friolero de diez años, con el gorro de lana puesto, mientras los demás sudábamos e insistíamos en abrir la ventana. Veo su cara compungida cuando llegaba sin ningún regalo porque nunca sabía que comprar, y el cabreo que pillaba cuando le llamábamos «Mister Scrooge», mientras protestaba diciendo que él prefería hacer los regalos en otro momento, a lo que nosotros contestábamos que su momento era más bien nunca. Y su presencia se funde con el fantasma de las navidades pasadas, de las presentes y de las que vendrán, porque sé que cada Navidad y cada fin de año me acordaré de él y le veré en las latas de Coca-Cola y en las rodajas de naranja y en los huesos de cereza. Porque, aunque ya no esté, cuento y contaré siempre con él y he comprendido por fin que ese es su regalo.

EL ATARDECER, MÁS CERCA

Tengo una amiga que no ha perdido la fe en la humanidad. O sea, que sigue buscando el amor en todos los *sites* que unen parejas, cruceros de solteros, reuniones de *singles*, hasta está pensando en presentarse a *First Dates*. Reconozco que no la disuado de ninguna de estas aventuras, porque constituyen para mí una inagotable fuente de esparcimiento vicario. No hay semana que no conozca a alguien nuevo que esta vez sí que parece la persona ideal, el ser humano que la cogerá de la mano y «bossanoveará» con ella rumbo al atardecer, como dice «So nice», su canción favorita. Pero las semanas pasan y un buen día, cuando la llamo, después de un rato de hablar de esto y aquello (desde el corsé de Wonder Woman hasta el último ensayo sobre el narcicismo que hemos leído al mismo tiempo), indefectiblemente pasamos al tema de su búsqueda del compañero ideal: «¿Qué fue del tipo con el que saliste hace un par de semanas?». «¿Cuál? —dice ella—, ¿el del taller de aeromodelismo?». «No —digo—, «el de la madre echadora de cartas». «Ah, ese... un perfecto imbécil». «¿Y el del taller de aeromodelismo? Este es nuevo, ¿no?». «Otro imbécil —dice—. Mañana salgo con un ingeniero belga, un tipo muy interesante, ya te contaré». Pasan los días y cuando volvemos a hablar el ingeniero belga ya ha sido olvidado y su puesto tomado por un camarero macedonio o un entrenador de yoga de Donosti. Que serán calificados *ipso facto* de imbéciles o de cretinos. Admiro la capacidad de mi amiga de no renunciar a esta búsqueda incesante, de seguir en ella con una moral a prueba de bombas, inasequible al desaliento y siempre, en cada encuentro, creyendo que este es el definitivo.

Por otro lado, estamos hablando de alguien bastante atractivo, perfectamente independiente, económica y socialmente, capaz de irse sola al fin del mundo y que, al menos aparentemente, no precisa de nadie más para sentirse «completa».

Muchas veces me he preguntado si algún día se le acabarán las ganas de buscar pareja, si se resignará a esta soledad en la que parece sentirse cómoda pero de la que lucha por escapar. Sospecho que mi amiga ha convertido esta búsqueda en el motor de su vida. Un día, hace poco, me atreví a preguntarle si merecía la pena tanto esfuerzo y tantas cenas en sitios mediocres con hombres que no le llegaban a la suela del zapato. Su respuesta fue que por supuesto que sí, que lo importante no era el destino, sino el viaje y que, tras cada desencuentro, volvía a su casa aliviada y confortada con la idea de que era muchísimo mejor estar sola que mal acompañada, aunque volvía a salir a la caza con ganas renovadas.

Me temo que, en la residencia de ancianos en la que que iremos a parar dentro de unos años, mientras yo aprendo por fin a hacer sudokus, ella continuará en busca de alguien con quien bailar bossa nova hacia el atardecer, pero esta vez el bailarín tendrá una artritis de caballo y el atardecer estará mucho más cerca.

EL *DOGGY BAG* CUANDO NO TIENES PERRO

Llevarse los restos de lo que ha sobrado en el plato en un restaurante ha sido siempre algo a lo que los españoles nos resistimos. La vergüenza, el sentido del ridículo, el miedo a lo que pensarán los de la mesa de al lado o el camarero, nos impiden pedir educadamente las sobras, como sucede en los países anglosajones desde tiempos inmemoriales, donde son los propios camareros los que proponen llevarse a casa lo que ha quedado de la comida cuando el cliente no lo hace. Esta práctica nació en los años cuarenta, durante la Segunda Guerra Mundial en un restaurante americano del Greenwich Village: Dan Stampler's Steak Joint. El dueño, sabiendo las penurias a las que se enfrentaban algunos de sus clientes, ideó una cajita de cartón con dibujos de perros para ofrecérselo como coartada a aquellos que, sin tener necesariamente perro, ansiaban llevarse a casa las costillas o la carne que habían quedado en el plato. Hoy, esta práctica se ha empezado a adoptar hasta en restaurantes con estrellas Michelin en Francia, en Italia, en Alemania y en los países nórdicos. Su adopción en Europa tiene poco que ver con la precariedad, más bien con un sentido cada vez más aguzado del equilibrio ecoambiental: en Francia, quizás el país europeo con más conciencia de todo lo que llegamos a tirar (recordemos la magnífica película de Agnès Varda *Les glaneurs et la glaneuse),* ya se han establecido normas para evitar en la medida de lo posible el creciente aumento de comida sin tocar que tiran los restaurantes: el objetivo es reducir a la mitad esta cantidad en 2025. En casa, ¿cuántas veces no sentimos una punzada en el estómago, y no de hambre precisamente, al ver las cosas que se pudren en la nevera y que tendremos que tirar? ¿O todo el pan reseco que se tira directamente mientras una de cada ocho personas de este planeta se acuestan con hambre? Una familia española gasta unos 4.200 euros de media cada año en comida. Pero el 25 por ciento de esa comida va a la basura. Y destruir esa basura genera un gasto energético y unos recursos que tampoco nos podemos permitir. Así que, metámonos la vergüenza en el bolsillo y pidamos un *doggy bag* y, al llegar a casa, compartámoslo con nuestro perro o el del vecino. O con el gato chino de la suerte del recibidor, que mueve su patita derecha arriba y abajo, arriba y abajo...

EL EFECTO MANDELA ENTRE NOSOTROS

Fiona Broome, una americana que se define como consultora paranormal, fue la persona que acuñó el término «efecto Mandela». Lo hizo al comprobar que compartía con mucha gente de todo el mundo un recuerdo falso muy concreto: que el líder sudafricano Nelson Mandela había muerto en prisión en los años ochenta, en vez de en libertad en 2013. En su foro Effectmandela, se comparten multitud de hechos, algunos totalmente peregrinos y otros sorprendentemente veraces, sobre multitud de hechos históricos, sociales e incluso artísticos: desde el retrato de Holbein de Enrique VIII que mucha gente recuerda con un inexistente muslo de pollo en la mano derecha hasta las diferentes versiones que la gente recuerda de los límites de Rusia, pasando por frases que nunca se pronunciaron en películas, novelas y obras de teatro.

Esta discordancia entre lo que recordamos y lo que realmente sucedió no es algo nuevo ni fuera de lo común. Si examinamos nuestra infancia, tenemos imágenes grabadas que nuestros padres afirman que nunca sucedieron y, sin embargo, para nosotros están más vivas en nuestra mente que muchas cosas que pasaron la semana pasada. Podemos atribuir todo esto a realidades paralelas, dimensiones alteradas y líneas de tiempo alternativas, donde transcurren esos hechos que no ocurrieron en una realidad pero sí en otra, que es la que algunos recuerdan, porque la mente tipo Matrix que regula y fabrica nuestra realidad a veces se despista e imprime cosas que no son en nuestros pobres y estresados cerebros.

Las diferentes versiones de un mismo acontecimiento (véase *Rashōmon*) son algo también bastante corriente y que la Guardia Urbana conoce bien: cada vez que hay un accidente de moto, tres testigos diferentes proclamarán diferentes y hasta contradictorias narrativas de lo mismo, por no hablar de cómo contarán el accidente aquellos que lo han sufrido. Un matrimonio es también un exponente de cómo dos seres que han compartido casa, cama y hasta hijos han vivido dos realidades paralelas y opuestas: los abogados de divorcios ven desfilar cada día ante ellos múltiples ejemplos de ellas.

Otra teoría, la teoría M, postula que existen varios universos simultáneos. Las diferencias entre ellos se deben a las decisiones que cada uno de nosotros ha tomado a lo largo de la existencia. Si una persona se ha visto obligada a tomar una decisión entre al menos dos opciones, podríamos pensar que la opción desechada sí se tomó, pero en un universo paralelo. Esta teoría siempre me ha parecido altamente consoladora: al menos, si en esta realidad metemos la pata hasta el fondo, siempre nos quedará el consuelo de esa otra realidad inasible, esquiva e imperceptible donde la decisión que tomamos sí fue la acertada. Es muy reconfortante pensar que en algún lugar del universo la gente se quiere, se respeta, ayuda al prójimo, es empática y toma las decisiones adecuadas. Soñar, al menos hasta que Amazon encuentre una manera de monetizarlo, es gratis.

EN EL ESPACIO

«En el espacio nadie puede oír tus gritos» era la frase con la que acababa el tráiler de la película *Alien* a mediados de los ochenta. Hoy, el espacio, además de un lugar donde se pierden astronaves, cápsulas y fuselajes, y donde miramos todos cuando las cosas aquí abajo se ponen feas, es un ente abstracto que los más ricos del planeta quieren colonizar, visto que este planeta nuestro se les está quedando pequeño. Dieciséis de los hombres más ricos del mundo, incluyendo al escurridizo Elon Musk (el patrón de Tesla, que acaba de plantar a Amber Heard), Jeff Bezos (el fundador de Amazon y creador de la agencia de viajes al espacio Blue Origin), Sheldon Adelson (el magnate de los casinos, seguidor de Trump, que dejó plantados a catalanes y madrileños con vagas promesas que nunca se cumplieron y sobre el que algún día tengo que hacer una película) y Ricardo salinas, un billonario banquero mexicano que esponsoriza la red privada de satélites OneWeb, están invirtiendo enormes sumas de dinero en la conquista del espacio.

Hasta ahora el más exitoso de estos inversores ha sido Elon Musk, con su compañía SpaceX, que es hoy la cuarta empresa privada tecnológica de Estados Unidos. La compañía lanzó su primer vuelo comercial en 2009 y tiene previsto seguir avanzando en vuelos hacia diferentes destinos. Esta compañía hoy vale más de 21 billones de dólares y sigue aumentando su capital con inversiones de todo tipo. Los planes de SpaceX incluyen establecer la primera colonia espacial en Marte y poner diversos satélites en el espacio. Elon Musk ha dicho que aspira a que su compañía ofrezca vuelos a Marte por 200.000 dólares (solo ida). Ya hay lista de espera. Richard Branson, a través de Virgin Galactic, Bill Gates y Serguéi Brin (el cofundador de Google) también están invirtiendo en diferentes empresas que buscan explotar los vuelos al espacio. Otros millonarios, como Yuri Milner, que se ha asociado con Stephen Hawking y Mark Zuckerberg, buscan encontrar vida extraterrestre a través de la empresa SETI (Search for Extraterrestrial Intelligence). De todos estos negocios, confieso que el único que me interesa es el de esa búsqueda de vida inteligente extraterrestre, aunque el hecho de que Mark Zuckerberg haya invertido en él me descorazona bastante. Porque, si los extraterrestres ven a Zuckerberg, no me extrañaría que salieran corriendo y no los volviéramos a ver más.

Me asusta pensar qué será de nosotros cuando estos tipos que modelan a su antojo todo lo que vemos, compramos, buscamos y sentimos tomen posesión del espacio, ese lugar infinito donde, todavía, los pobres civiles podemos proyectar sueños y aspiraciones y deseos. No quiero que, cada vez que una estrella se caiga del cielo en las noches de agosto, aparezca una pantalla que anuncie una compañía aseguradora, una bebida refrescante, un *resort* en Catar. No quiero.

TELEFÉRICO SIN CABINAS

Desde mi ventana, las enormes columnas del teleférico se alzan inútiles como faros en el desierto. Hace mucho ya que las cabinas que pendían de él han desaparecido. El trayecto que cubría este no era una montaña o un precipicio, sino tan solo un recorrido aéreo sobre un recinto ferial hoy abandonado. El hotel en el que estoy, de una arquitectura que se diría pensada por y para androides de esos de primera generación que ni sienten ni padecen todavía, resulta fatigoso y ajeno en sus inacabables pasillos y en el estucado verde esmeralda de sus habitaciones: nunca sentí un verde tan falto de alma y esperanza, nunca. Hay algo de soberbio y pomposo en este no lugar, algo de profundamente inhumano, como si los que lo concibieron tuvieran solo una idea vaga de cómo se comportan los seres humanos en sus quehaceres diarios. Las habitaciones son enormes, pero apenas unos centímetros separan el inodoro del bidé. La bañera es redonda y va con un mando a distancia sin instrucciones que no funciona, quizás por falta de pilas u otra cosa que me resulta imposible descifrar: cuando llamo a recepción para pedir ayuda, me la prometen *ipso facto*. No llega nunca. Los grandes ventanales acongojan. La desolación se apodera de ti al ver los matorrales que invaden los edificios abandonados, los bordillos de calles por las que no pasa nadie, las edificaciones amorfas, que en su día, brevemente, acogieron visitantes con ganas de coleccionar folletos y gorros de papel promocionales. Las promesas de bienestar, prosperidad y ocio que el mun-

do de las ferias y congresos iba a traer a la ciudad se revelaron
bien pronto falsas. Y nadie encontró, quizás porque no los había, otros usos para el despliegue de luz, color, ladrillo y cables que se despliega, hoy hecho una ruina, ante mí esta tarde
brumosa de invierno, cuando tengo la certeza de que el verano no restará desolación a este paisaje y la cabeza se me llena
de preguntas cuyas respuestas temo saber. ¿Qué pasó? ¿Cómo toda una generación de políticos y dirigentes se dejaron
arrastrar por un optimismo infundado y por unas expectativas
falsas para llenar España de centros culturales, autopistas, re-
cintos feriales, aeropuertos, velódromos, que hoy crían malvas y resultan imposibles de sostener? Que la crisis económica
no se viera venir me parece hasta cierto punto comprensible,
ni siquiera aquellos pocos que sí la vieron venir previeron su
dimensión e impacto, pero este obsceno desparrame de cons-
trucciones vacías que hieren la vista y el corazón es otra cosa:
es el histórico error del festín para hoy y el hambre para mañana, cuando con un poco de previsión podríamos todos tener la oportunidad de comer dignamente cada día, sin que las
ratas que hoy se pasean a su antojo entre las ruinas nos amar-
guen la comida.

LOS PREMIOS

Hay algo de mágico y a la vez banal en todos los premios. Cuando yo era una niña, veía en televisión esos programas donde
premiaban a la gente con neveras, cocinas, ramos de flores y
Turmix, y recuerdo que siempre le preguntaba a mi madre,
porque yo pensaba, y lo pensé durante mucho tiempo, que la
televisión era una prolongación de nuestro hogar, cuándo nos
darían algo así a nosotras. Mi madre siempre fue muy clara y
nunca me dio largas: ninguno de esos premios iba a ser nunca para mí, para nosotras. En el colegio, recuerdo diplomas,
un minitrofeo de un campeonato de baloncesto y alguna me-

dalla que debe estar criando malvas en alguna caja de zapatos con manchas de humedad. Nunca pensé demasiado en los premios ni en las recompensas. Más tarde, cuando veía en diferido las retransmisiones de los Óscar, siempre me fijaba en las caras de los que perdían: ese esfuerzo sobrehumano por fingir una dignidad que no se tiene, porque, por mucho que te alegres de la victoria de un compañero/a, la ceremonia del premio te coloca en la posición de desear el premio y penar por su ausencia. Es famosa ya la reacción de asco profundo que tuvo Frances McDormand en unos pasados Golden Globes cuando no la premiaron por una serie que protagonizaba: fue una rara oportunidad de ver la auténtica cara que todos los perdedores tienen, que consta de decepción («yo creí que esta vez sí»), rabia («¿y por qué a mí no?»), conmiseración («ellos se lo pierden») y la tensión que provoca saber que pase lo que pase no debes dejar traslucir lo que realmente estás sintiendo (aunque en el caso de la genial Frances McDormand esta última parte no se aplica).

Con el tiempo me tocó a mí asistir a ceremonias donde se suponía que algún premio me tocaría. Yo a estos eventos suelo ir con una resignación ejemplar y un fatalismo extremo: si te toca el premio, hay que subir y, digas lo que digas, a menos que encuentres algo genial que decir, como Fernando Trueba cuando dijo que él no creía en Dios, pero creía en Billy Wilder, alguien de tu equipo o de tu familia o tus amigos o el público en general se sentirá ofendido o molesto o con la potestad de afearte lo que has dicho o dejado de decir. Para acabar de arreglar las cosas, las ceremonias son cada vez más híbridos entre pseudo *show* de Las Vegas y mítines político-sociales donde parece que hay por obligación que protestar, arengar y reivindicar. El ejemplo más extremo fue la última gala de los Gaudí, donde primó la peregrina asunción de que todos los catalanes penamos por la ausencia de políticos en la cárcel o de *tour* Interrail, o nos tenemos que callar ante la burda manipulación de temas (el maltrato a las mujeres mezclado con la figura de Companys y Puig Antich [¿?]). Lo bueno de una ceremonia así es que la indignación que te causa es proporcional al alivio de no tener que subir al escenario a recoger el trofeo de marras. No hay mal que por bien no venga.

ADA BLACKJACK, LA TÍMIDA VALIENTE

Hay nombres que se te quedan en la trastienda de la memoria y, de cuando en cuando, resurgen con fuerza y vuelven a ti, sin que sepas muy bien cómo ni por qué. Es el caso de esta mujer de nombre rotundo, cuya vida y andanzas descubrí cuando buscaba datos para una película que dirigí hace años *Nadie quiere la noche*. Su nombre era Ada Blackjack, una inuit a la que la prensa de la épica llamó «la Robinson Crusoe mujer», que fue encontrada en 1923 en el islote Wrangel, al norte de Siberia, desnutrida y al límite de sus fuerzas, por la tripulación del buque Donaldson.

Ada Blackjack nació en 1898 en Solomon, Alaska. Los misioneros ingleses le enseñaron a leer y escribir y el oficio de sastra. Se casó y tuvo tres hijos, los dos primeros murieron y el tercero estaba enfermo de tuberculosis. Su marido la abandonó y, para poder sufragar el tratamiento de su hijo, se presentó voluntaria a un experimento del explorador Vilhjalmur Stefansson, que quería reclamar el islote Wrangel para Canadá y, a la vez, probar su habitabilidad. Otro de sus objetivos era crear (¡en los años veinte ya!) una compañía que organizara *tours* turísticos para viajeros con ansias de aventuras exclusivas. La expedición al islote iba a ser por un año, y la protagonizaban tres americanos y un canadiense con credenciales científicas y amplia experiencia, y Ada Blackjack, que iba en calidad de cocinera y sastra. El 16 de septiembre de 1921, los cinco miembros de la expedición fueron depositados en el islote, con víveres para seis meses, porque se creía que el islote poseía abundante caza. Al principio, todo fue a las mil maravillas: captura-

NO TE VA A QUERER TODO EL MUNDO

ron varios osos polares, focas y ocas. Pero, al llegar el otoño, los animales fueron despareciendo y uno de los miembros de la expedición contrajo escorbuto. Los tres hombres sanos decidieron abandonar el islote a través del hielo para pedir ayuda, dejando a Ada sola con el enfermo. Nunca regresaron. El enfermo falleció y Ada tuvo que componérselas para sobrevivir a dos inviernos, sin dejar que el fuego se apagara, leyendo cada día la Biblia para mantener la cordura y cazando pequeños animales. Cuando fue encontrada, había sobrevivido veintitrés meses sola y estaba al borde de la inanición. Su historia apareció en la prensa de todo el mundo, aunque ella solo hizo declaraciones para defenderse cuando fue acusada de asesinar a sus compañeros y rechazó los honores que le ofrecieron, arguyendo que hizo lo que cualquier madre en su lugar habría hecho. Se escribieron obras de teatro, novelas y hasta películas sobre su historia. Con el dinero de la expedición (nunca quiso un centavo por contar su historia) llevó a su hijo a un hospital en Seattle, donde fue curado. Regresó a Alaska a vivir hasta los 85 años.

NO PUEDES ESPANTAR LA NIEBLA CON UN ABANICO

Me encantan los proverbios porque me hacen soñar con aquellos que los escribieron. Me encantan los proverbios porque son sentenciosos y pedantes y pomposos. Me encantan los proverbios porque son misteriosos y te hacen dudar y reír y pensar. Me encantan los proverbios absurdos porque son los que más sentido tienen, y los sabios porque de primeras parecen absurdos. Me encantan los proverbios que a veces uno cita equivocadamente y todos asienten como si no hubiera habido error. Me encanta que me regalen libros de proverbios y regalarlos, como ha ocurrido en mi último cumpleaños, donde me regalaron dos libros: uno de proverbios japoneses y otro de chinos. Y los abro al empezar la semana al azar y me encuentro piezas que no sé si tienen sentido, pero que mi proverbial amor a los proverbios hace que lo tengan.

El lunes abro primero el libro japonés: «Si vences a un enemigo, será siempre tu enemigo; si lo convences, será tu amigo». La duda me invade y con ella la angustia: ¿Cómo convencer al enemigo, que lo último que quiere es ser convencido? ¿Quién es el auténtico enemigo? ¿Y si no quiero ser amiga del enemigo, si lo único que quiero es que me deje en paz? Seguimos con los chinos: «No intentes escapar de la inundación agarrándote a la cola de un tigre». Aquí ya lo veo más claro: entre morir ahogado y morir devorado por un tigre, no hay mucha diferencia: tomo nota mentalmente de no acercarme a las playas o ríos en países en los que se críe el tigre.

Seguimos el martes: «Una palabra que se escapa no se puede atrapar», ergo, cuando metes la pata, metes la pata. Tienen toda la razón los sabios japoneses. Y ahora uno chino: «Si quieres ser dragón, debes comer pequeñas serpientes para desayunar». O sea, que ni los dragones lo tienen fácil, especialmente los vegetarianos. Porque, además, si uno quiere ser dragón es precisamente para no tener que tragar ni sapos ni culebras, especialmente a la hora del desayuno. El miércoles empieza bien: «Uno puede también rezarle a una sardina, es cuestión de fe». Me gusta el proverbio, aunque soy mucho más partidaria de rezarle a una anchoa, supongo que para el caso será lo mismo. Tampoco me gustan los boquerones. Este chino es un clásico: «Cuando el sabio muestra la luna, el tonto mira el dedo». Este siempre me ha fascinado porque pienso en él cada vez que leo un *blog* de alguien que busca gazapos en las películas. Ahora uno japonés con el que no estoy de acuerdo: «Es de idiotas buscar peces en un árbol». Yo puedo afirmar que a veces hay peces en los árboles, o, si no los hay, buscarlos allí igual te lleva a descubrir otras cosas, otros frutos, otras respuestas. «La lluvia cae sobre todas las flores, ahoga a unas y hace florecer a otras». Incuestionable: casi todo, incluido que te duren y crezcan bien las plantas del patio es absolutamente aleatorio. Como tantas cosas en la vida. Como la niebla que es imposible de espantar con un abanico.

COSAS QUE ME SORPRENDEN

Me sorprende pensar que cada día nos levantamos de la cama, llueve o truene o haga viento, y hacemos todo lo que tenemos que hacer, o la mayor parte del tiempo, pero lo hacemos. Me sorprende que no nos quedemos todo el día en la cama.

Me sorprenden siempre las tiendas de quesos donde se pueden encontrar hasta trescientas variedades de ellos. Lo diferentes que son entre ellos. La cantidad de texturas que no se parecen a nada. Cabra, vaca, oveja, búfala. Romero, pimienta, orégano, pimentón. Blandos, duros, cremosos, tiernos, con moho. ¿Quién ha creado esas maravillas? ¿Cómo se les ocurrieron? Me sorprende.

Me sorprenden todavía los hombres que escuchan lo que dicen las mujeres con una sonrisita de suficiencia, los hombres que interrumpen todo el tiempo, que aunque crean que llevas razón no te la darán nunca, como si en ello les fuera la hombría o la vida o algo.

Me sorprenden las personas que no se dan cuenta cuando están de más, las personas que no tienen la más mínima idea de cuándo son pesadas, cuando se meten donde no les llaman, cuando hacen comentarios desafortunados. Me sorprenden los que nunca sienten vergüenza ajena.

Me sorprende que cada vez haya más gente que no compra el diario, que no va al cine, que no lee libros, que no viaja, que opina de oídas y que no manifiesta la menor duda a la hora de opinar.

Me sorprenden las mujeres con las uñas largas. ¿Cómo escriben? ¿Cómo trabajan? ¿Cómo cocinan? ¿Cómo hacen café? ¿Cómo se abrochan el sujetador? ¿Cómo viven?

Me sorprende la gente famosa que dice que nunca cuenta cosas de su vida personal y se pasa la vida hablando de su vida. Personal.

Me sorprenden los anuncios de leche sin lactosa porque siempre salen mujeres bailando sin motivo en cocinas blancas. Siempre.

Me sorprende la gente que es incapaz de reconocer que ha actuado mal, que lo que ha hecho no está bien y se empeña en seguir haciéndolo, aunque ello implique un considerable perjuicio para él mismo. Me sorprende la gente que se dispara en el pie.

Me sorprenden los dentistas que empiezan a arreglarte la boca sin un plan determinado y que se empeñan en asombrarse cuando te quejas del daño que te hacen, como si fueras una loca paranoica. Esos dentistas me sorprenden.

Me sorprenden los habitantes de las islas.

Me sorprenden las islas.

Me sorprenden las salamandras y los pingüinos.

Me sorprenden las camelias y los bosques de bambú.

Me sorprenden las sorpresas.

Me sorprenden James Salter y Gustave Flaubert y Adolfo Bioy Casares. Y Clarice Lispector y Flannery O'Connor y Carson McCullers.

Me sorprende que Tennessee Williams y Carson McCullers y Françoise Sagan fueran amigos.

Me sorprenden las gasolineras donde venden licor de café y ratafía.

Me sorprenden las tiradas de tarot por teléfono.

Me sorprende que aún, a estas alturas, haya tantas cosas que me sorprendan

LA CUCARACHA

Estamos sentados en cómodas butacas con mesitas abastecidas de agua mineral, llevamos ya los micros puestos. Hay un público numeroso y expectante en la platea de este salón cuajado de columnas, que pertenece a un lujoso hotel. Vamos a hablar de las adaptaciones literarias al cine, un tema que tanto yo como mis compañeros de mesa conocemos bien, pues todos hemos escrito diversos guiones cinematográficos basados en novelas con mayor o menor fortuna. Y sin embargo, no me abandona el sentimiento profundo de irrelevancia, como si todo lo que vamos a decir en realidad es totalmente prescindible: tengo mañanas y tardes así cuando el mundo y sus cosas se me antojan de una futilidad sin límites. Como ya me conozco, aparto como puedo esa idea e intento contestar todo lo coherentemente que soy capaz a las preguntas de la moderadora y escuchar cuidadosamente las palabras de mis compañeros. No puedo evitar preguntarme quiénes son los que pueblan la sala haciendo fotos y tomando notas. ¿Guionistas en ciernes? ¿Novelistas? ¿Alumnos de talleres de escritura? ¿Curiosos? Seguramente hay de todo. Y seguramente muchos han escrito ya textos que buscan su audiencia. Quizás nuestras experiencias puedan servirles de algo: de estímulo, de aliento, de acicate, de orientación. Ojalá. Bien es verdad que mi experiencia es bastante peculiar, porque yo empecé a escribir guiones porque me parecía el único camino viable a la dirección y el único que se me ocurrió en mi adolescencia: de pura chiripa lo fue. Nunca conocí a un guionista o a un escritor más que por lo que de ellos se decía en las propias películas. Y lo único que puedo decir es que, para escribir un guion, hay que tener algo que decir y disciplina y trabajo para decirlo. Si es bueno o malo, si sirve o no sirve, eso es harina de otro costal. Mientras todos desgranamos nuestras peripecias personales con los guiones, observo una cierta agitación en la primera fila del público. Me inclino para ver qué es lo que pasa y veo una cucaracha paseándose ante el público como Pedro por su casa, salida de un desagüe que se halla en el suelo justo delante del espacio que separa a la audiencia de la tarima de los oradores. El tamaño del coleóptero es considerable y hace imposible que la ignoremos. Alguien hace un comentario jocoso y la sala ríe nerviosa. A una velocidad increíble, la cucaracha trepa por la tarima donde estamos y uno de los oradores se levanta y la aplasta con el zapato. Suena un crujido de esos que resuenan en toda la sala. El cadáver de la cucaracha es apartado piadosamente a un lado, aunque todos sabemos que está ahí. Continuamos hablando de cómo se toman los novelistas las adaptaciones de sus obras, de cómo se toman los guionistas las adaptaciones de sus guiones... Yo hablo con toda la normalidad que soy capaz de mis peripecias con los autores, pero estoy todavía rebobinando en mi cabeza el avance de la cucaracha hacia la tarima, el crujido de la suela del zapato aplastando su caparazón contra el suelo y pienso que esto sí es el arranque de una novela, de un cuento, de un guion, de una película, de un corto, de algo.

MAÑANA EMPIEZA TODO

Es como la vigilia de un examen, el día antes de comprar una casa (y firmar una hipoteca), la sensación de vértigo antes de empezar un nuevo trabajo y la excitación al emprender un largo viaje. Es exhilarante y da miedo (y casi pánico) y sabes que no puedes escapar a él porque nadie te ha puesto una pistola para que lo haga: eres tú y tú sola la que te has metido en este berenjenal. En esta lasaña de inquietudes y sombras y luces y sonidos y palabras y silencios y música. Empezar una película es eso y mil cosas más. Es sentirte con una responsabilidad abrumadora sobre un equipo de mucha gente con sus egos (tan grandes como el tuyo, quizás más frágiles), sus temores, sus dudas y sus ilusiones. Ilusiones que tú no puedes defraudar, pase lo que pase, porque de ello depende tu película, tu trabajo, tu vida. Es una construcción mental de la que no se habla en los cientos de seminarios sobre «cine y arquitectura» que llenan los paraninfos de las universidades: una construcción hecha de líneas de pensamiento, de miradas, de emociones, de rectángulos que juegan en masas de color soñadas por Magritte o Sonia Delaunay o Joan Miró o De Chirico. Para ti es un edificio que ha crecido durante años en tu cabeza como un *manoir* del siglo XIX que ha sufrido cambios y reformas, pero que conserva un encanto arrebatador y cuyo techo y cimientos y bodega deben de ser de una solidez a prueba del tiempo y a prueba de todo. A veces pienso que me da más miedo este momento, antes de empezar, que el día mismo en que empezamos. Y dan igual las respiraciones y la meditación, los tranquilizantes, Schubert, el yoga, las tartas de limón, los paseos: todo el arsenal de técnicas de relajación a las que te agarras para que el corazón no se te desboque. Dan exactamente igual. Es algo más fuerte que la cabeza y la razón. Un rodaje no atiende a razones o planteamientos lógicos. Un rodaje es una guerra hecha de sutiles batallas diarias que desgastan como una gran contienda. Y si no desgastan, es que no es una guerra de verdad, es un simulacro. Algo que un rodaje no puede ser, por mucho que el simulacro sea parte de su esencia.

Una vez, el día antes de empezar un rodaje, me sorprendí a mí misma en la habitación de un hotel de Madrid, preparando la maleta para irme: juro que, cuando quise darme cuenta y despertar de aquel trance, ya había empacado casi todas mis pertenencias y me vi reflejada (y enajenada) en el espejo del baño, recogiendo el cepillo de dientes y la pasta dentífrica, y sin saber qué es lo que había hecho, aunque sí el porqué: estaba acojonada y mi subconsciente me gastó una jugarreta, quería huir de todo aquello y que pasara de mí aquel cáliz.

Ha pasado mucho tiempo desde entonces, no ha vuelto a pasárseme por la cabeza huir, pero el miedo, el vértigo, la ilusión y el abrumador sentido de la responsabilidad siguen ahí, incólumes.

Porque mañana empieza todo. O lo que parece todo. Mañana.

SOBRE EL MIEDO Y EL ENFADO

Empecé a trabajar en publicidad muy joven, y esa impronta me ha hecho quien soy, y, antes de pasar a otras cosas, quiero daros las gracias por admitirme en la Academia y lamento profundamente no estar aquí hoy con todos vosotros y compartir este momento con una o varias copas. Pero dos mujeres gallegas que se casaron en 1901 me reclaman.

Creo que, solo recientemente, me he dado cuenta de dónde vienen los estallidos de enfado que a veces he visto en mis coetáneos y en mí misma. Hay algo de extemporáneo y absurdo en esos prontos de los que he sido testigo, incluso en gente habitualmente calmada y pacífica, como yo misma: de repente es como si un pañuelo rojo nos atravesara las pupilas y los peores improperios salen de nuestra boca como si soltaran en una tienda de quesos una manada de urracas hambrientas de una jaula donde han estado hacinadas. No hay que ser un genio para ver que toda esa palabrería ridícula que se suelta a borbotones entre saliva disparada es el producto de la combinación letal entre el miedo y la inseguridad, pero, por razones que se me escapan, siempre había visto estas demostraciones de enfado como naturales y con causa.

Ayer, en el rodaje, se produjo una situación complicada: un plano que me había empeñado en hacer se reveló mucho más difícil de conseguir de lo que todos habíamos planeado. Era ya bien entrada la madrugada, el equipo estaba cansado y, por mucho que ensayábamos la secuencia que envolvía a una cantante de fados, 25 extras y a nuestras dos actrices principales, la cosa no salía. Alguien me dijo: «qué calmada pareces», y yo recordé todas las veces en mi vida en que he estado en situaciones parecidas y que he notado al dragón de la ira (ira contra el mundo, contra la técnica, contra el destino, contra mí misma por intentar conseguir sin tiempo y sin medios algo complejo que requiere mucho ensayo y mucha preparación) apoderarse de mí. Recordé los gritos, los cabreos, las patadas en los cajones de cámara, los bufidos y la angustia. El miedo: miedo a fallar, miedo a no estar a la altura, miedo a no conseguir el plano perfecto, miedo ante lo aparentemente insalvable de la situación. Miedo a que una inseguridad atenazante me paralizara. Y sentí con alivio que apenas puedo expresar un enorme alivio.

Tras varios intentos conseguimos el plano que yo había soñado y que en una sola toma consigue transmitir todo un sentimiento de melancolía que llena a las protagonistas a su llegada a Oporto. Acabamos el rodaje con alegría, contentos de haber vencido la batalla técnica que el plano de marras suponía.

En el camino de vuelta a casa, casi amaneciendo, no sentí ninguna nostalgia de esa mujer miedosa e insegura que a veces se enfurecía, viniendo o sin venir a cuento. Ahora reservo mi enfado para cosas con más enjundia. Por desgracia, el mundo y sus circunstancias no dejarán de proveernos de motivos para el cabreo.

LÁGRIMAS EN EL PARQUE DE ATRACCIONES

Ahí está. En una barcaza. En una chalupa. En un sampán. En un bote neumático.

Con una sonrisa abierta. A veces, no exenta de sorna. Otras, cargada de ironía.

En lugares remotos, de los que apenas sabe cómo pronunciar el nombre. En Tokio.

En Singapur. En pueblos perdidos de México. En Donosti. En Roma.

Buceando, explorando, bebiendo y, sobre todo, comiendo.

Anthony Bourdain era un mal cocinero, para algunos, incluso para él mismo.

Pero nadie discute que era el *gourmet* más carismático de la televisión. El hombre que hizo de sus debilidades, de sus vicios, de sus defectos un espectáculo bello, atrayente, intenso y, por encima de todo, vivo.

Cuando, hace quince años, apareció *Kitchen Confidential*, confieso que compré el libro con un cierto desdén. Pensé que sería un libro entretenido, banal, jugoso: ideal para leer en un avión, entre cabezada y cabezada, y luego olvidar en el receptáculo de las revistas. Me equivoqué: el libro es de todo menos banal. Es un libro en el que aparece una voz única, apasionada, cultivada, poética. La voz de un hombre que ama con pasión la cocina y sus gentes. La comida, el disfrute, la vida. Anthony Bourdain emergió de ese libro como un antihéroe original y libre. Un hombre capaz de esnifar cocaína mientras cita a Montaigne, termina con todo el vodka de un establecimiento y se come dos sándwiches calientes de queso con mostaza. Lo que engancha de los libros y los programas que grabó durante su vida (*No Reservations* y *Parts Unknown*) es su genuina humildad, su enorme respeto por la comida y los que trabajan con ella, su insaciable apetito por conocer el mundo y algo que está en la trastienda de todo: su total desprecio por los imbéciles y sus imbecilidades. En uno de los episodios de *Parts Unknown*, en la costa de una de las islas griegas, el guía le conduce hasta una gruta para pescar pulpos: su cara de horror cuando descubre que lo que acaba de ver es un pulpo congelado que acaba de salir de la nevera es todo un poema. Es una cara de genuino asco y de asombro: como si la idea de alguien haciendo una trampa tan burda le resultara imposible de aceptar. En otro episodio, en Buenos Aires (hoy retirado de manera inexplicable por CNN), en la camilla de un psicoanalista, habla con una total franqueza de los pensamientos suicidas que le asaltan a menudo.

Hoy, por desgracia, los que adoramos a Anthony Bourdain, tenemos que ver como su nombre está a punto de convertirse en lo que él más odiaba: una marca. Se organizan viajes por Oriente bajo el nombre de «Anthony Bourdain experience» por los lugares donde él comió: todo lo que él y su obra preconizan es justamente riesgo, aventura, exploración. Lo opuesto a un *tour* de turistas armados de palos *selfies*.

Una vez dijo que un cuerpo no es un templo, sino un parque de atracciones. Hoy hay lágrimas en ese parque. Dejen a Anthony Bourdain en paz.

LUCHAR, NACER, MORIR

Durante los más de cuarenta años de lucha en la selva, a las guerrilleras de la FARC en Colombia, se les prohibía tener hijos. Muchas mujeres pasaron hasta por diez abortos (algunos en un estado muy avanzado), y otras, que llevaron a término sus embarazos, fueron obligadas a abandonar a sus hijos. Hoy, tras el acuerdo de paz, se ha producido un *baby boom* en la selva colombiana y las mujeres exguerrilleras están dando a luz a multitud de niños, como si intentaran resarcirse del tiempo en que un embarazo era el equivalente a un crimen antimarxista. Lo mismo sucede en comunidades amenazadas que recuperan la paz o en las que simplemente se restaura un mínimo orden de convivencia. Los niños vienen al mundo como pedazos de una esperanza que se creía sepultada debajo de la guerra y la catástrofe. Lo mismo ocurrió después del *tsunami* o después de las inundaciones en Nueva Orleans o después de la Segunda Guerra Mundial. Las personas se lanzan al sexo y a la reproducción como si no hubiera un mañana, justo porque quieren creer que hay un mañana. Y esa ha sido la tendencia de la humanidad, más o menos desde que los neandertales se angustiaban y se deprimían y a veces hasta se enamoraban. Somos todos terrícolas, que estamos en este planeta porque nuestros antepasados se lanzaron a esa «lucha por el amor y la gloria» de la que habla la canción «As time goes by» que tocaba Sam a petición de Humphrey Bogart en *Casablanca*.

En el otro extremo están los que deciden abandonar la vida, antes de que llegue su hora, suicidándose. Es muy difícil, incluso para aquellos que hemos pasado por depresiones profundas, entender el mecanismo que lleva a un hombre o a una mujer a quitarse la vida. Se puede atribuir a mil factores diferentes: drogas, alcohol, decepciones, enfermedad mental, angustia, pena profunda, ataque de pánico... pero, salvo en casos muy contados —aquellos que sufren terribles enfermedades irreversibles—, resulta casi imposible desde fuera (y estamos fuera de la mente del otro, lo queramos o no) leer e interpretar los signos que indican que alguien está pensando seriamente en acabar con su vida. Cuando leí que Anthony Bourdain se había suicidado, no podía dar crédito, y aun días después me costaba creerlo. ¿Suicidado un hombre que parecía tener un apetito insaciable por la vida? ¿Por los placeres, las cosas, los lugares? ¿Un hombre capaz de arrastrar a Obama a un antro de Saigón a comer *noodles* y beber cerveza? ¿Un hombre sexy, ingenioso, irónico, rico, divertido, que parecía no tomarse demasiado en serio? Y, sin embargo, ahí está su muerte, y entre ella y los bebés que nacen en la selva colombiana, cuyas madres fueron privadas por decreto de la posibilidad de ser madres durante decenios, se abre un abismo plagado de esperanza y de derrota. De pasión y de dolor. De amor y gloria.

UNA LLAMA EN TU CORAZÓN

Una de mis canciones favoritas es «I don't want to set the world on fire» («No quiero prenderle fuego al mundo»), porque define muy bien cuál es mi actitud al abordar la creación. La canción (popularizada en los años treinta por el grupo vocal The Ink Spots) dice algo así como «No quiero prenderle fuego al mundo, lo único que quiero es encender una llama en tu corazón». Los primeros versos de la canción me han acompañado durante toda mi vida, desde que la descubrí, en multitud de circunstancias. Una vez llegué incluso a cantarla en una rueda de prensa en la que me estaba aburriendo profundamente, para regocijo de los periodistas presentes, que se relajaron bastante después de mi precaria demostración vocal. Tocar el corazón de alguien, conmoverle (aunque sea por unos instantes), devolverle una mirada del universo desde otros ojos es todo a lo que aspiro. A veces, las menos, siento que lo consigo. Otras veces, las más, no. La flecha, el mensaje, «la llama en el corazón» no llega a su destinatario, por mucho que me esfuerce y por mucho ardor y energía y años que le dedique. Probablemente, lo mejor de mi trabajo es tener la oportunidad de intentarlo incesantemente. Y viceversa: mi vida como espectadora y lectora está movida por el mismo principio: buscar el gesto, la palabra, la pincelada, la luz, el movimiento que enciendan esa llama, grande o minúscula, en mi corazón.

El ansia de conectar con el otro es lo que me ha empujado toda mi vida en todos los ámbitos. Conectar es para mí lo único que me separa de la soledad y la niebla. Y conectar es algo que no se puede forzar. Como la amistad o el amor. Esa conexión, ese clic, ese intercambio de palabras o miradas cómplices o gestos o lo que sea. Hay un instante de resplandor cuando uno comparte un vagón de tren con alguien que lee con avidez un libro que tú has leído y de repente os ponéis a hablar del autor y pasáis a hablar de la vida y la muerte y el amor y de otros libros y de otras películas. O cuando descubrís que una cajera de setenta años de un supermercado de una ciudad perdida escribe poesía en sus ratos libres y se pone a hablar de Rimbaud y os reís de «su corazón encogido en un bol de sopa», y su sonrisa ya no es la sonrisa de una septuagenaria, sino la de una adolescente de catorce.

Reconozco que vivo para momentos así. Para instantes de conexión con personas que nada tienen que ver conmigo, pero que, por unos preciosos momentos, tienen todo que ver conmigo. Porque en esos momentos siento que la humanidad no se divide en razas, en fronteras, en edades, en riqueza. Se divide en infinitas llamas y en infinitos corazones. Encender o apagar esas llamas y que permanezcan grabadas en nuestro corazón, incluso cuando estén apagadas, solo depende de todos y cada uno de nosotros.

LOS HOLOGRAMAS NO LLORAN

Los hologramas no sangran. Los hologramas no sufren. No sienten. Ni padecen. Ni comen. Ni ayunan, ni se atracan a píldoras, ni vomitan. Los hologramas no lloran. La primera vez que vi un holograma fue en Disneylandia, en la atracción de la casa encantada. Me maravilló el realismo de los fantasmas, de los espectros verdes que atravesábamos con las vagonetas: mirabas y parecía que te miraban a ti, alargabas la mano y no estaban allí. Y la ilusión de realidad, combinada con la seguridad de que ninguna de aquellas presencias espectrales era realmente de carne y hueso, era fascinante. Hoy, cuando llegas a muchos aeropuertos, una especie de azafata de sonrisa y presencia irreal te recibe y te indica dónde tienes que embarcar: es un holograma.

La práctica de resucitar a los muertos en el mundo de la imagen no es de ahora. Cuando Natalie Cole hizo el dueto de *Unforgettable* con su difunto padre Nat King Cole, las cuestiones ético-morales ya se plantearon, pero como los derechos de imagen del cantante pertenecían a su hija, y esta solo lo puso en práctica en una ocasión puntual, el asunto no llegó a mayores.

Lo que vamos a ver en los próximos años es una proliferación de hologramas de actores y cantantes fallecidos que llenarán los escenarios para colmar el anhelo de los fans que, por unos instantes, disfrutarán de la fantasmal presencia de sus ídolos y de la ilusión de que todavía están vivos.

Vi a Amy Winehouse en Londres, dos años antes de que falleciera. A partir de la tercera canción, la cantante, a la que todos los que llenábamos la sala claramente adorábamos, empezó a desfallecer, y la horrible sensación de contemplar a alguien dotada de un talento inmenso, pero también de un no menos inmenso impulso autodestructivo, era palpable. Y lo que era peor: ella no quería estar allí. Lo que más recuerdo del concierto fue un momento en que hizo amago de abandonar el escenario y uno de los miembros del coro que la acompañaba la hizo volver. No

51

olvidaré nunca la expresión de puro desamparo, de confusión, de dolor, de angustia en su rostro. Cualquiera que la haya visto en directo o que haya visto el magnífico documental *Amy* sabe perfectamente de qué estoy hablando.

Hoy el padre de Amy Winehouse está trabajando en un holograma de su hija, para que haga un *tour* mundial, según él, para que todos los que no la vieron tengan la oportunidad de verla en directo. Según el señor Winehouse, los beneficios de la citada gira irán a parar a la Fundación Winehouse, que se supone ayuda a adictos a las drogas. Que este sinvergüenza, que contribuyó en gran medida al horrible final de su hija, forzándola a actuar cuando para todo el mundo era obvio que no estaba en condiciones para ello, no la deje en paz ni muerta me parece de una vileza para la que no dispongo de calificativos. Amy Winehouse volverá a los escenarios con lágrimas holográficas, que no se secan solas. Y habrá cretinos que la aplaudirán.

LA PROMESA DEL ALBA

Paseo por el centro Pompidou de Metz, donde se exponen una serie de obras de diferentes disciplinas sobre el concepto de pintar la noche. El desafío de pintar la noche no es tan solo contemporáneo. El cuadro más antiguo que lo intentó es la *Huida a Egipto,* un pequeño óleo que data de 1609, pintado por Adam Elsheimer. Este cuadro, admirado por Rubens y otros maestros de la época, es de una asombrosa precisión astronómica y, aunque lógicamente no está expuesto aquí, ejerce una gran influencia sobre muchos de los artistas (pintores, fotógrafos, cineastas) que exponen en Metz y que pertenecen al siglo XX y a principios del XXI. Una de las piezas es una instalación de Jennifer Douzenel titulada *Lucioles,* que consiste en una gran pantalla negra en la que, tras cierto tiempo de visión, podemos distinguir minúsculos puntos de luz. La obra requiere atención y silencio, algo que también requiere la noche misma para ser descifrada, para ser comprendida. El silencio de la noche es solo roto por estas ráfagas de luz tenues y breves que son las luciérnagas. Son también las diferentes fases de la noche las protagonistas de las obras que aquí se exhiben. Lucio Fontana recrea en *Ambiance spatiale* una especie de ambiente de disco, en el que solo falta la bombilla girando. La obra de Gerhard Richter, mucho más incisiva, no muestra la noche, sino precisamente la imposibilidad de mostrarla. Es quizás la obra que se me antoja más honesta de esta muestra. Francis Bacon, en *Mujer desnuda en el dintel de la puerta*, muestra un espectro sonámbulo de contornos fluidos que parece anunciar la muerte, la noche suprema. Un cuadro de Ann Craven muestra 46 pequeñas lunas. No hay toros enamorados de ellas y las fases lunares se acercan a la noche, pero no son ella. Una vez más, parece imposible describirla.

Hay una luna lechosa de Kandinsky, de la que sorprende la obviedad: hay demasiadas lunas en esta muestra, muy poca noche negra. Como si los que las han seleccionado hubieran renunciado de antemano a enfrentarse con la oscuridad.

Recorro en silencio las salas vacías donde cien artistas exhiben sus intentos —a veces vanos, otras veces certeros— de capturar la noche. Una fotografía de la instalación de Raphaël Dallaporta me llama la atención cuando estoy a punto de irme, con la sensación de un cierto vacío. La fotografía es de un hueso de la época en la que los *Australopithecus* todavía no habían sucumbido al *Homo sapiens,* con unas muescas y líneas que, según una hipótesis arqueológica, podrían representar el calendario lunar. Pensar que hace cuarenta mil años al ser humano ya le inquietaba la noche y ya le empujaba a la vida, la promesa del alba.

UN TORO ES UN TORO ES UN TORO

A veces tengo la sensación de que escuchar, leer y comprender son conceptos completamente superados. Como si los que todavía leemos, escuchamos y al menos intentamos comprender estuviéramos relegados a un gueto que cada vez más se parece a un gulag. Un gulag donde no se pasa hambre, pero donde el frío de la incomprensión te hiela cada día más los huesos y el alma. Reconozco que lo que voy a relatar a continuación y mi reacción a ello quizás a algunos les pueda parecer un pelín exagerado. Pero creo que la suma de las cosas que me han pasado en las últimas semanas (incluido lo que ya relaté en otro artículo acerca de mi perplejidad ante críticas por comentarios que yo no he hecho) justifica la susodicha sensación de aislamiento, gueto y hasta gulag.

Hace unos seis años le compré a un payés vecino de un pueblo de la provincia de Barcelona siete olivos centenarios de un campo de su propiedad que planeaba talar para hacer leña, dado que no podía atenderlo. Trasplanté los ejemplares a un campo cercano que me pertenece. Huelga decir que el rescate de los olivos me costó la torta un pan, pero desde que era una niña me han fascinado estos árboles y me hacía ilusión darles una nueva vida. Todos, menos uno, sobrevivieron al traslado. Seis años después están florecientes y este año, por fin, han dado muchísimas aceitunas.

Se me ocurre poner un vídeo en Instagram manifestando mi alegría porque, después de seis años de cuidados, los olivos volvieron a la vida. Y entre *likes* de gente que, como yo, ama los olivos, recibo una serie de insultos e improperios (el más suave de los cuales me trata de imbécil) criticando que le compre los olivos a «una empresa de la Terra Alta» en Tarragona y que contribuya al tráfico de olivos en Tarragona, y casi casi me acusan del asesinato de Lincoln. En las imágenes de Instagram ponía claramente las cosas como fueron: el vecino que iba a cortarlos, la provincia de Barcelona y no mencionaba nada de ninguna empresa ni de Tarragona ni de nada por el estilo. Me pregunto si los que han hecho tales comentarios quizás no sepan leer. O quizás no quieran leer. O probablemente lo único que quieren es meterse conmigo y les da igual si enseño olivos o la receta del pastel de pera de mi tía Filomena.

Otro caso, aún más triste: posteo una foto de la silueta del toro que podemos encontrar aún en algunas carreteras de España. Esa silueta me recuerda a *Jamón, jamón,* a la entrañable figura del añorado Bigas Luna, un director excepcional y un amigo generoso con el que tuve la fortuna de compartir muchas tardes y sobremesas. Pues bien, entre *likes* de admiradores de Bigas y su cine, se cuela un puñado de comentarios de gente que no tiene ni idea de quién es Bigas Luna y que me acusan de antifeminista (¿?) protaurina y, claro, fascista.

Quedan tan solo 89 toros en España. Directores como Bigas ya no quedan. Por desgracia, la estupidez nunca va a escasear.

LA VOZ DE CONCHA DE MARCO

Uno de los grandes placeres de la vida es deambular por una librería y dejarse llevar por el instinto que nos lleva hacia la portada de un libro escrito por un autora de la que nada sabíamos. Salir con él de la librería tras haberlo pagado. Llegar a casa, sacarlo del bolso. Preparar un café, arrellanarse en el sillón. Abrir el libro y sentir desde la primera página que la escritora, desaparecida en 1989, nos habla, a través de los años, las distancias y la historia, directamente a nosotros. Sentir que está allí mismo, en otra butaca del salón, mirándonos con sorna por encima de las gafas, hablándonos de tú a tú, desabrida, tierna, noble, apasionada e implacable.

La patria de otros me atrajo por el título. Como si en la mera formulación de esa frase estuviera contenido todo lo que siento cuando escucho a muchos llenarse la boca con las palabras patria, nación, país, bandera. Es el título de las memorias de una poeta de la que nada conocía, Concha de Marco, que fue mujer de un historiador del arte que, confieso, me sonaba apenas vagamente, Gaya Nuño. Son páginas sueltas, con poemas estremecedores, apuntes de historias vividas, retratos de personajes a los que conoció (y algunos a los que deseó no haber conocido), escenas de una vida conyugal marcada por la Guerra Civil (Gaya Nuño pasó cuatro años en las cárceles franquistas por pertenecer al bando republicano) por la posguerra y por la transición. Pero lo que sorprende es la ferocidad implacable con que Concha se desnuda ante nosotros y desnuda a los santones culturales de ese momento histórico: Luis Rosales, Vicente Aleixandre, Tierno Galván, Buero Vallejo, Joaquín Ruiz-Giménez. Con qué lucidez analiza a sus contemporáneos y señala la tremenda hipocresía de aquellos que colaboraron activamente con el franquismo y, una vez medrado, se apuntaron a la oposición por los mismos motivos: para seguir medrando, mientras despreciaban y hacían el vacío a aquellos que, como Concha de Marco y su marido, jamás renunciaron a sus ideales (Gaya Nuño jamás se adhirió al Movimiento, cosa que todos los intelectuales de la época hicieron).

Hay rencor, es verdad, en algunos capítulos. Pero cómo no sentirlo cuando aquellos que envidiaban la coherencia moral de los Gaya Nuño se dedican a amañar calumnias y acusarles precisamente de «fascistas» y «mimados por el régimen». ¿Cómo no identificarse con una mujer que es repudiada por la familia de su marido por pertenecer a una clase más humilde, que dedica su vida entera a un hombre bueno, pero que «solo una vez durante los treinta años de vida en común fue a comprar manzanas», que renuncia a una pasión amorosa devoradora en nombre de «lo que moralmente es correcto»?

Leer hoy a Concha de Marco es conocer a una mujer apasionante que sacrificó, como tantas mujeres, su vida al otro, que vivió de manera sangrante la contradicción entre el amor propio, la libertad, la devoción y la lucidez. Hay párrafos en este libro escrito en 1976 que podría suscribir yo misma en este 2018. Todo lo que escribe sobre Catalunya y España es de una clarividencia absolutamente sobrecogedora. Un libro de imprescindible lectura para aquellos que se atreven a mirar de frente y sin vendas las cosas y las personas. Ojalá seamos muchos.

PÍLDORAS

LA ESTACIÓN DE PERPIGNAN

Hay una frase de Dalí en la que pienso a menudo. Y con la que me identifico, hasta el punto de que, una vez, un periódico me la atribuyó, quizás porque en un texto que escribí no quedó suficientemente claro que yo no era la autora: «Soy capaz de proyectarme a mí mismo en mi pequeño cine interno y me libero a través de una salida secreta de los intentos de asediar mi propia alma». Recuerdo haber leído esa frase de adolescente y haber sentido con una claridad cristalina que el artista, cuya obra en aquel momento me dejaba indiferente, me hablaba a mí y solo a mí. Dalí tiene textos así, pensamientos que saben expresar, con poquísimas palabras, ideas muy complejas, al lado de obviedades como la célebre sobre Picasso y él, donde afirmaba que solo les diferenciaba el hecho de que Picasso era comunista y él no.

Los trenes que unen Barcelona con París se paran un rato en la estación de Perpignan. Cambian las vías, las agujas, la velocidad, no lo sé exactamente. Siempre que cojo este tren, como supongo que a mucha gente le pasa, recuerdo el cuadro de Dalí *El centro del mundo*. Como con tantas cosas relacionadas con él, nunca sabemos dónde empieza la verdad, la invención, la *boutade* o la mentira maquillada de verdad: él contaba que en este lugar se le ocurrieron sus ideas más geniales y que, cuando intentaba enviar a Nueva York unos lienzos de gran tamaño, este fue el único lugar desde el que pudo hacerlo. El cuadro, a su vez de gran tamaño, poco o nada tiene que ver con la estación o con Perpignan. En ambos extremos del cuadro, los campesinos de *El ángelus* de Millet, esos de los que todavía no se sabe bien qué hacen, si rezar por haber sucumbido a la lujuria o por, como otras versiones apuntan, rezar por el hijo muerto, cuyo pequeño ataúd fue suprimido por Millet en el último momento, antes de dar el cuadro por acabado. En el centro, Gala, emitiendo una energía dorada y algo maléfica. Más allá, cuatro rayos luminosos convergen en Cristo en la cruz. Dalí es un maestro de la cortina de humo: cuanto más obvio parece, más se esconde, como si aplicara su argucia para ocultar sus faltas de ortografía (haciéndolo más aposta, para que pareciera que se pasaba la ortografía por el forro) en todos los niveles de su obra y de su vida. ¿Amó a Gala? O solo jugó a amarla, conociendo su personalidad absorbente, dominante y posesiva para evitar amar a otras personas que podían decepcionarle o desairarle (Lorca, Buñuel...). Su bigote, su bastón, su barretina, su voz aguda, su declamación impostada crearon un personaje tan poderoso que hoy resulta imposible discernir dónde estaba el verdadero Dalí, la *Avida dollars* que no sabía mirar la hora, que, en palabras de Pepín Bello, era «asexuado como una mesa» y que en su autodefinición se creía mejor escritor que pintor.

NO PUEDE SER

No. No puede ser. Y es. Cada fracción de nanosegundo pasa algo en el mundo que nos hace poner cara de estupor de «no es posible», de «no puede ser». Porque le estupidez es lo más contagioso que hay, después de las ladillas y el resfriado común. Pero no quiero generalizar. Vayan por delante algunos ejemplos salidos directamente de mi experiencia personal, porque ya dijo Sábato que lo que conmueve son los detalles, no las generalidades. El primer ejemplo es la facilidad con que todos aceptamos que las grandes compañías multinacionales se pasen por el forro lo de pagar impuestos mientras todos los demás apoquinamos sin chistar. Cada vez que leo cómo Amazon, Starbucks o Facebook se las apañan para, facturando en países X, emitiendo los pagos desde Z y recibiendo desde Q, ahorrarse auténticas fortunas, me pregunto por qué, en vez de salir a la calle por chorradas, no nos tiramos a la calle a protestar violentamente contra esta injusticia flagrante. Porque bastaría con que estos tipos pagaran impuestos como todo el mundo para que un montón de problemas, incluidos el hambre en el mundo y la educación universal, tuvieran remedio inmediato. Y aquí viene lo peor: ¿por qué todos los que somos plenamente consciente de esta aberración seguimos dándoles dinero a los que nos roban? ¿Porqué? ¿Es masoquismo? ¿Negligencia? ¿Abulia? ¿Debilidad? ¿Por qué no reclamamos a nuestros gobiernos que lo hagan? ¿Por qué lo aceptamos con resignación fatalista? No puede ser. Cada vez que veo la cara de Zuckerberg, me dan ganas de cruzársela y de hacer que me firme un talón. Sin rechistar.

Segundo ejemplo: estoy aparcando el coche (mal, como siempre) en un aparcamiento al aire libre de una pequeña ciudad francesa, Carcassonne. Y se me acerca un señor con pantalón de chándal, anorak y gafas y me entrega un folleto, con una amplia sonrisa. Haciendo eco a su sonrisa, sonrío a mi vez y le acepto el folleto porque yo soy mucho de agarrar folletos o lo que sea que reparta la gente en la calle. Pero la sonrisa solidaria se me queda atravesada en la cara cuando veo que en la portada del susodicho opúsculo están las caras de Marine Le Pen y Salvini bajo el lema «Nuestras ideas están arrasando en Europa». En el interior, un pobremente dibujado mapa de Europa señala el creciente número de países en que las ideas de estos señores están cuajando y sumando votos. Aunque el mapa está burdamente exagerado, da miedo verlo. El folleto acaba con una petición de dinero: si te identificas con nosotros, pasa por caja. El papel es indigno hasta de recoger la mierda de mi perro, pero decido emplearlo para tal menester. Es un parco consuelo, pero, llegados a este punto, presumo que lo único seguro que nos queda son consuelos como estos.

LA ESTELA DEL RATÓN

Estás sentada en el sofá, viendo una película en el televisor. Una buena película que ya has visto. Puede ser una película musical de Jacques Demy. O una película con Catherine Deneuve que no sea de Jaques Demy. Son las dos de la mañana y no te decides a ir a dormir hasta que la película no se acabe, porque las películas hay que terminarlas, sean como sean. Como los libros y los platos de lentejas. Y entonces, por el rabillo del ojo, detrás de los cables del televisor, ves pasar como una exhalación algo gris, pequeño y trágico. Un ratón que se ha colado por el patio y que debe haber estado una décima de segundo en tu campo visual. Al principio cierras los ojos. Aún con los ojos cerrados ves al ratón. Los abres, encoges las piernas. Sueltas el aire que tenías retenido. Suspiras. El ratón, que ya debe haberse perdido otra vez por el patio, pasa una y otra vez en tu imaginación. Una vez que lo has visto, ya no puedes dejar de verlo. Catherine Deneuve llora en la pantalla vestida de Courreges, pero tú solo ves al bichito gris que en tu mente es ya prácticamente un monstruo de tamaño descomunal. Jurarías que puedes oír sus patitas arañando el suelo. La película se acaba y te quedas con las piernas encogidas en el sofá, sin atreverte a levantarte. Por tu cabeza pasan todos los mejores y los peores escenarios posibles: es un ratón aislado, minúsculo, prácticamente microscópico, que ya está muy lejos y nunca volverá. O también: te teme tanto como tú a él, mucho, mucho más, ¡está aterrado! O: es solo uno de los muchos ratones que están preparando una invasión de tu casa, mientras se reproducen incesantemente. Parece que ya estás escuchando sus espantosos chillidos, que se expanden por todos los rincones. Ahora te mueves despacio, muy despacio. Son las tres de la mañana y te vence el cansancio. Pero cada paso que te aleja del sofá te cuesta un tremendo esfuerzo. Cuando te levantas, la vista se va hacia los rincones, y tras cada cable y cada enchufe te parece ver algo que se mueve. Intentas no mirar al suelo. La luz del baño te devuelve una cara angustiada que, en otras circunstancias, te hubiera hecho hasta reír, pero no hoy. Hoy no. Consigues ponerte el pijama. Llegar a la cama. Leer. Pero no te concentras, aunque el libro te pareciera no hace tanto —¿ayer?— tremendamente interesante. Cada crujido de la cama te hace dar un respingo. Cada sonido es un dolor. El libro se cae de la cama y no te atreves a cogerlo. Intentas recapitular sin éxito la película que acabas de ver. Las otras películas del director, de la actriz. Te vencerá en algún momento el sueño, te vencerá.

La estela del ratón de hace mucho tiempo es tan nítida en tu cabeza como la primera vez que la viste. Como una verdad resplandeciente y cegadora cuya evidencia no deja lugar al menor resquicio de duda. Cuando la has visto, será imposible que finjas que nunca estuvo allí.

LA OBRA, LOS AUTORES, LAS MANCHAS

Me veo a mí misma viendo el documental *Leaving Neverland*, sobre las dos víctimas de los abusos de Michael Jackson e intento analizar la horrible desazón que me produce. Recuerdo vagamente los juicios de los años noventa en los que otras víctimas le acusaron de los mismos delitos y creo que pensé algo así como: «Es muy raro que le guste dormir con niños en la misma cama, pero seguro que no les hace nada, él mismo es como un niño, seguro que le quieren sacar dinero...». La voz aflautada, el aspecto de figura de cera, el peluquín demasiado grande para su cabeza, sus pueriles protestas ante Oprah Winfrey negando que se había rehecho la cara, las imágenes de la boda con Lisa Marie-Presley, los niños rodeándole en la infame interpretación de *Earth Song*... Todo me llevaba a pensar que no era posible que hubiera cometido los horribles delitos de los que le acusaban. Y ahora, esa voz que antes me parecía trágicamente ridícula, ahora se me hace insoportablemente perversa. La maestría del documental de Dan Reed es que se centra en las vidas truncadas de dos de sus víctimas. Y son dolorosamente creíbles, además de conmovedoras. Vemos cómo dos familias son capturadas en la tela de araña de la fama de Jackson a la que sucumben a la primera de cambio, dejando a dos niños a merced de un maestro de la manipulación. La misma técnica que hemos visto en otro documental reciente, *Abducted at Plain Sight,* de Skye Borgman, y en los patrones de seducción del 90 por ciento de los pedófilos. Todo estaba ahí y no lo quisimos ver. Y ahora podemos acusar a las madres de los niños, a su familia, a los medios, a sus abogados, a los jueces, pero la realidad es que todos somos cómplices, porque nos jode admitir que el cantante que nos ha hecho bailar, el director de cine que nos hace reflexionar, el escritor que nos ha emocionado, pueden ser unos individuos abyectos a los que preferiríamos no estrechar la mano. La mancha de la fama pringa a cualquiera que se acerca a ella, y todos los que se rasgan las vestiduras ante el comportamiento de las familias que vemos en el documental deberían preguntarse si no se hubieran dejado seducir de la misma manera.

¿Cómo hacemos ahora? ¿Prohibimos canciones, boicoteamos películas, quemamos libros? Otras veces, desde estas páginas, he dicho que preferiría no saber muchas cosas de autores a los que admiro. Pero una vez que sabes algo, ya no hay manera de ignorarlo. Hay mucha gente indeseable en este planeta, pero muy pocos de esos indeseables han escrito *Billie Jean* o *Grandes esperanzas* (Dickens se ha unido al grupo cuando ha salido a la luz su comportamiento con su mujer). En mi cabeza, voy a intentar establecer una división (que no creo que sea más ética o más justa que otras): una cosa es la obra, otra, el o la que la crea. Voy a disfrutar de las canciones, las películas, los libros o las coreografías, sin tener en cuenta a quienes las crearon. Y si cuando escucho «Human Nature», me viene a la memoria lo que ahora sé y esas notas que antes adoraba se me hacen insoportables, apagaré la música. Y ya.

UN LUNES CUALQUIERA

Cojo un taxi camino del aeropuerto un lunes a las 7.30 de la mañana. La radio va destilando con detalles absolutamente innecesarios las incidencias del juicio que secuestra la realidad nacional sin tregua. No tengo energía para pedirle al taxista que cambie de emisora. Me pongo los auriculares con la función que cancela el ruido exterior, que me parece uno de los grandes inventos de la humanidad. Conecto con *France Culture*, donde al menos hablan de un país que, como no es el mío, no me resulta tan doloroso. El programa que emiten habla de un incidente que no conozco: el suicidio hace unos días de un maestro de primaria tras haber recibido una denuncia por haber maltratado en clase a un alumno que se había sentado en el suelo y se negaba a levantarse. En el programa intervienen los compañeros del maestro. Hablan con cariño y pena de él. «Era un hombre apasionado por la enseñanza [...] con un expediente impecable después de más de veinte años dedicado a la enseñanza [...] gran compañero [...] íntegro [...] la denuncia le destrozó [...] no podía creer que aquello le estaba pasando a él [...] la denuncia era completamente desmesurada, solo había cogido al alumno por un brazo para sentarle...».

Al parecer, después del incidente con el alumno, había recibido amenazas telefónicas y a través de las redes que le habían trastornado. Una compañera que le conocía bien afirmaba que «en las últimas semanas, parecía un perro en la noche, deslumbrado por los faros de un coche». Los realizadores del programa se habían puesto en contacto con los padres que habían puesto la denuncia, pero estos se habían negado a hablar. Mientras cruzamos la ciudad, veo un bosque y un hombre cansado y desesperado y una clase de niños revoltosos y un lunes cualquiera en que el peso de una calumnia es demasiado grande y hace frío y el día está gris y acabar con todo parece la salida más soportable. Pero, por otro lado, no puedo evitar que la duda surja: ¿Ese maestro sufría una depresión? ¿Había algo más que motivara su suicidio? ¿A quién creemos, por quién tomamos partido? ¿Qué hay en nosotros, en nuestro sistema de valores, en nuestras fobias que hace que nos inclinemos por una visión de los hechos u otra? ¿Dónde están los culpables, quiénes son? Y si lo son, ¿lo saben?

Llegamos al aeropuerto y la radio del taxi sigue con la cantinela del juicio en que se exprimen inútilmente las palabras «dignidad», «verdad» y «democracia».

Un lunes cualquiera, donde nuevamente nos enfrentamos a la semana con más dudas que certezas, con más desazón que serenidad.

UN NOMBRE

Mi abuela Isabel era mucho más alta que mi abuelo y a mí me pusieron su nombre.

La recuerdo como una mujer formidable, enérgica, fuerte y bondadosa. Nunca se quejaba, a pesar de que motivos, con ocho hijos, nunca le faltaron. No me parezco nada a ella. De pequeña, no me gustaba llamarme Isabel porque me parecía un nombre de reina o de santa y no me gustaban las reinas ni las santas. Me parecía un nombre cursi y antiguo y fantaseaba con llamarme Aura o Delia o Maga, como los personajes de Cortázar o Carlos Fuentes. Luego, con los años, te acostumbras y vas habitando tu nombre y no te puedes imaginar con otro. Lo aceptas, de la misma manera que aceptas tus lunares o tus pulgares desmesurados. La canción de Charles Aznavour «Isabelle» me hace siempre sonreír, y recuerdo que en su día los hermanos Calatrava hicieron una versión hilarante.

Hay nombres que son mucho más que un nombre. Los nombres con diéresis me fascinan: Björk, por ejemplo. La primera vez que la vi en persona me pareció que no había visto a nadie al que su nombre le sentara tan bien. Hoy, con cincuenta y cuatro años y un nieto, su aspecto de elfo sigue siendo el mismo y su nombre sigue evocando paisajes rocosos de los que salen gases volcánicos. Y cisnes blancos en forma de vestidos de tul. Y acantilados desde los que cascadas de aguas sulfurosas descienden hasta un mar de agua color petróleo. Orcas, tucanes, ardillas y ovejas eléctricas que sangran.

Artísticamente la islandesa ha sacrificado la cruda sentimentalidad de sus primeras obras en pos de experimentos extremadamente libres y arriesgados. *Venus as a Boy* se ha convertido en un ave mutante de tres picos proyectada en una cortina de algoritmos salvajes. Según sus propias palabras, no ha ganado un duro desde hace veinte años y ha invertido todo lo que ganó en experimentar con nuevas materias sonoras que apelan más al intelecto que al corazón, como atestigua su último espectáculo, *Cornucopia*, estrenado en The Shed, en Nueva York, Su rostro se oculta con máscaras de *cyborg* campestre entre una campesina de El Bosco y Yayoi Kusama. Y, sin embargo, en su mirada sigue habitando un elfo islandés que no puede tener otro nombre: Björk.

Cuando el partido este que ha conseguido 23 diputados apareció en nuestro país, a mí su nombre me sonaba a diccionario de toda la vida. Entonces, una amiga francesa me escribió para decirme que Vox es una web francesa, creada mucho antes de la aparición del partido, de audioporno para mujeres que publica relatos sonoros en primera persona para —cita textual— «clítoris audiófilos». Desde que me envió la información, y a pesar del repelús que los integrantes del tal partido me producen, no puedo evitar que se me escape una sonrisa cada vez que veo su nombre.

12 *POINTS*

Veo con estupefacción fragmentos del Festival de Eurovisión de este año. Hacía mucho que no veía nada del citado festival. Y confieso que, cuando me pidieron mi apoyo para que el Festival se hiciera en Tel Aviv, no dudé en darlo. Mi argumento, que a muchos les sonó homófobo, insolidario, heteropatriarcal y no sé qué más, es que el festival de Eurovisión debía celebrarse en Israel, más que nada para fastidiar a las comunidades de judíos ortodoxos a los que el desfile de frikis vestidos de *bonda-*

ge, transexuales, travestidos, mujeres vestidas con transparencias y preciosas bailarinas gorditas no les iba a hacer la menor gracia. Otro argumento que no mencioné es que, si Nick Cave actúa en Israel, ¿quiénes somos los demás mortales para oponernos? No creo que boicotear un festival inocuo vaya a cambiar para nada el *statu quo* de la comunidad palestina que vive en un estado de represión continua. Si lo hubiera creído, no hubiera dudado en oponerme. En fin, ya me he acostumbrado a no estar del «lado correcto de la historia» y a asumir las consecuencias de lo que algunos califican como mis salidas de pata de banco y yo, simplemente, de «vamos a ser prácticos y boicotear cosas que vayan a servir para algo». Hay tantas ansias de rasgarse las vestiduras por parte de ciertos sectores que estaría todo el día defendiéndome, argumentando, discutiendo y, francamente, no me da la vida.

Viendo el resumen del festival, lo que más me asombró no fue Madonna desafinando lo más grande en su interpretación de *Like a Prayer*, ni la cantante australiana disfrazada de emperatriz de Bizancio, a la que parecía que habían empalado junto a dos coristas, que me recordaba una secuencia fantástica del *Drácula* de Coppola, ni tan siquiera que España enviara lo que me atrevo a calificar (¡hola, *haters!*) de la canción más boba de la historia, en vez de enviar al genial dúo Ladilla Rusa con alguno de sus atómicos *hits* «Maculay Caulkin» o «Chucherías Mari» (altamente recomendable su álbum *Estado del malestar;* escúchenlo y me lo agradecerán). No, ni siquiera me asombraron los presentadores de los diferentes países que, con un inglés aproximativo, exhibían un entusiasmo que solo puede explicarse con altas dosis de mescalina o ritalín para dar sus puntos a países que poca gente sabe exactamente situar en el mapa. Ni Macedonia del Norte votando a Grecia.

Lo que me asombró de verdad es que hoy por hoy esta exhibición bizarra de pop trasnochado y barraca de feria es el único acontecimiento vagamente cultural en que gente de medio mundo se abraza, salta, grita, vota, demuestra que hay algo más allá de banderas y fronteras. Si musicalmente estuviera medio bien, mi fe en la humanidad se vería totalmente restaurada.

ALPHA ZERO

Alpha Zero es un ente de inteligencia artificial que aprendió a jugar al ajedrez en cuatro horas y aprendió también a enseñarse a sí mismo a mejorar en nueve horas. Después de eso, derrotó al campeón del mundo de ajedrez y los humanos sabemos que ganará a cualquier jugador que quiera enfrentarse a él (o ella). Lo que asombra a los expertos es que su táctica para vencer siempre es un ataque frontal que nadie había intentado hasta ahora y que parece producto de una mente entrenada para acabar directamente con el contrario, sacrificando todo lo sacrificable por el camino. Alpha Zero se exhibe ahora en torneos donde diferentes máquinas de inteligencia artificial se enfrentan entre ellas, para deleite de los aficionados, entre los que, confieso, no me cuento. No se me ocurre nada más aburrido que ver cómo un superordenador machaca en 45 partidas simultáneas a un puñado de robots, resignados a perder. No es mi idea de una tarde divertida, pero supongo que a muchos aficionados al ajedrez la idea de ver un maratón de películas de Béla Tarr les puede provocar más de un bostezo.

Con el actual estado de cosas en el planeta y el número de majaderos en posiciones de poder en aumento, parece más que plausible que la Inteligencia Artificial se plantee como una opción tan buena como cualquier otra para llevar las riendas del mundo. Un Alpha Zero inmune a los celos, las envidias, las pasiones, las obsesiones, la vanidad y la avaricia. Un Alpha Zero ecuánime, ético, justo, concentrado, libre de presiones y prejuicios y que contemple como único objetivo impedir que los humanos destrocemos el planeta y nos destrocemos entre nosotros suena como una opción que no hay que descartar, cuando pensamos en maneras de arreglar las cosas que suceden y que parecen irremediablemente destinadas a acabar con la vida como la conocemos.

Sé que muchos pensarán que esto es un puro disparate y que Alpha Zero será muy bueno en lo suyo, pero a la hora de rescatar a la gente del Mediterráneo o votar medidas de protección a los niños en la ONU hacen falta seres humanos con sangre y tendones y no robots, que ni sienten ni padecen y que acabarían esclavizándonos. A menudo, cuando me atrevo a decir en voz alta que en un mundo donde Putin y Trump mandan igual estábamos mejor si la que mandaba fuera una máquina de inteligencia artificial a la que nada ni nadie puede amedrentar y que no concibe que los humanos seamos nuestros peores enemigos, me contestan que acabaríamos todos mucho peor, poco menos que en el planeta de los simios. Pero si tuviéramos un Alpha Zero como el que yo sueño, nadie tendría que tirarse al mar porque Alpha Zero ya habría eliminado hace años, limpiamente, al presidente de Siria. Y los niños no necesitarían protección de la ONU porque Alpha Zero detectaría al instante a cualquiera que pudiera atacar a un niño (o a un adulto) y lo separaría de este. También suspendería inmedia e irrevocablemente cualquier acto vandálico contra el planeta. Soñar con ovejas eléctricas siempre es fácil.

NO SOY FAN DE ISABEL COIXET, PERO...

Creo que hay algo que me cabrea más que que se metan directamente conmigo y mi trabajo: cuando el autor de un tuit, artículo o comentario se ve obligado a aclarar que yo le caigo como un bote de leche condensada caducado (no hagan la prueba de abrir uno, es horrible, créanme) pero algo de lo que he dicho o hecho, viene a decir, con una condescendencia encomiable, no le parece del todo mal, incluso, aleluya, hasta puede que le guste. Normalmente el autor (calculo que el ochenta por ciento son hombres) pasa a describir todo el horror que he infligido al mundo y luego me perdona la vida bajo el pretexto de que lo último que he hecho no está mal, para ser yo, un ser deleznable, ignorante y espantoso, el que lo ha realizado. Por una razón u otra, se ven obligados a aclarar lo de «no ser fan», como si serlo fuera sinónimo de pertenecer a una banda de chantajistas adictos al crack.

Cuando son encuentros personales, la cosa siempre acaba siendo inevitablemente violenta. Hace muy poco, rodando en la calle en Barcelona, un hombre que conducía un Range Rover se me plantó delante de mi cámara, bajó la ventanilla y me dijo literalmente con una desfachatez impresionante: «Isabel Coixet, tú eres buena haciendo películas, pero las cosas que dices deberías hacértelas mirar». Se refería, claro, a mis opiniones sobre esa historia interminable que es el *procés*. El individuo no solo interrumpe el rodaje de un equipo de ochenta personas, sino que, sin que nadie le pregunte, delante de todo el mundo, me ofrece su opinión sobre mí y mis ideas. Por supuesto, después de darle las gracias por interrumpir mi trabajo con sus valiosas declaraciones, le envié a freír espárragos, que es la única respuesta posible a una estupidez de tal calibre. Al día siguiente, en un concierto en el Liceo, otro individuo me persiguió para decirme cuánto me admiraba por mis películas, pero cuan decepcionado estaba por mi opinión sobre el mismo tema del hombre anterior. Yo intenté quitármelo de encima amablemente, pero el tipo no cesaba de seguirme, describiéndome el afán y la pasión con que él tenía que defenderme ante sus amistades que directamente me odiaban. Le dije que muchas gracias, pero que no se molestara, que, si para sus amigos soy Satán, qué le vamos a hacer, pero que, por favor, me ahorrara todo ese cúmulo de información que a mí, francamente, no me hacía puñetera falta. Y él seguía erre que erre hasta que empezó el concierto. Ese aire infecto entre santurrón y perdonavidas de los que me increpan es una declinación más del caldo de cultivo en el que ha crecido ese difuso sentimiento de superioridad que hace que estas situaciones que, a diario, vivimos unos cuantos que no nos hemos callado, no parece que vayan a tener nunca fin. Lo que ocurre es que para mí todo esto no es más que la mera continuación del *bullying* que sufrí de pequeña, de adolescente y de adulta. Por razones tan peregrinas como que llevaba gafas, leía libros, no me gustaba el fútbol y sacaba buenas notas. O me empeñaba en dirigir películas sin ser hombre, sin venir de una familia rica, sin contactos con el cine de ningún tipo. Supongo que tengo demasiadas cosas por las que hacerme perdonar. Y que ahí afuera hay mucha gente con un montón de patologías no tratadas.

Sé que, a estas alturas del texto, mucha gente está diciéndose que no debería darle importancia a los comentarios de ciertas personas. A esa gente quiero decirle solo una cosa: si tuvieran que aguantar en sus carnes la milésima parte de las cosas que yo tengo que leer o escuchar a diario sobre mí (y llevo lustros escuchando), estarían ya en alguna clínica psiquiátrica pasando una larga temporada o haciendo muy ricos a sus terapeutas.

METAL ENAMORADO

Sopla un viento del carajo y el aire trae una lluvia violenta que cae de través. Tengo tres días de vacaciones después de meses sin un fin de semana libre y procuro que no me importe no poder disfrutar del aire libre ni de la piscina ni del mar que hay detrás de los cristales salpicados de lluvia. De pequeña, nunca entendía por qué teníamos que irnos de la playa cuando llovía: «Pero si ya estamos mojados, ¿qué más da?», le decía a mi madre. Ahora lo pienso y se me antoja de una lógica aplastante mi razonamiento, pero me amedranta el viento que levanta finas capas de agua en la enorme piscina encima del mar del hotel. Estoy a punto de acabar la última novela de Ian McEwan, que cada día me hace pensar un poco más en el mundo que nos espera o que ya está aquí. McEwan mezcla la cronología de la historia y hace contemporáneos el conflicto de las Falkland (o Malvinas, según se mire) con la creación de androides tan evolucionados que pueden pasar por humanos. El protagonista, un hombre sin grandes aspiraciones ni cultura ni ideales, decide invertir una herencia en la compra de un robot. No mide las consecuencias que este acto va a tener en su vida y en la de su novia, y dota al androide de una ética poderosa y coherente. Es una novela sorprendente y engañosamente lineal. Cada noche antes de dormir, sus páginas sacuden mis sueños y los pueblan de personajes de metal que se toman la justicia por su mano. En el libro, los robots pueden planchar, ganar dinero, enamorarse, componer haikus, suicidarse, sentir, incluso masturbarse. Pero no pueden caminar bajo la lluvia porque el agua afecta a sus circuitos. La maestría de McEwan es tal que a veces me sorprendo rogando que el robot acabe con ese protagonista mediocre, mezquino, aburrido, simplón: no consigo entender qué ve su novia en él, por qué no le abandona por ese perfecto amasijo de cables que compone poemas y cita a Shakespeare y a Montaigne y tiene un desarrollado sentido de la justicia y sabe qué opinar de cualquier tema que se le ponga por delante. La lluvia ahí afuera me lleva a acabar el libro cuando aún es de día. Como en cada una de sus novelas, la frase final de *Machines Like Me* me golpea el corazón. Durante meses tuve la frase que cierra *Chesil Beach* incrustada en mi cabeza como un mantra. Aún ahora la recuerdo: «Olvídame despacio».

Ha parado de llover y salgo a pasear por la arena mojada, repito en voz baja la percutante frase final mientras pienso que igual las cosas en el mundo no irían peor si los robots se ocuparan de este, esa es mi conclusión del libro, quizás porque es algo que últimamente pienso a menudo. Pero tendrían que utilizar algún material impermeable para construirlos. Algo que les permitiera caminar bajo la lluvia, bañarse en el mar y llorar, como hago yo ahora mismo, sin que se les fundieran los circuitos.

ESCUCHANDO FATHER JOHN MISTY

Escuchando a Father John Misty esta mañana, he recordado muchas cosas que creía haber superado. Curioso cómo una canción, un acorde, una nota, un golpe de guitarra puede sacarte a tu yo de los diecisiete que creías enterrado para siempre. Y no, ahí lo tienes, con acné, la nariz brillante y la camisa blanca de tu padre que te encantaba y que hacía que tu madre te pegara el broncazo antes de salir de casa, porque «cómo puedes ponerte esa camisa vieja tan ancha que ya está no está ni blanca, que está amarilla».

Escuchando a Father John Misty, pienso en todas las veces que me han roto el corazón y en todas las veces que yo se lo he roto a alguien. Y sé, con una seguridad que desconozco en mí, que la gran diferencia entre esas dos cosas es que, con el corazón —magullado y doliente— en la mano, cada vez que yo le he roto el corazón a alguien, él me lo había machacado doscientas veces antes, y cuando a mí me lo han roto, yo no había hecho nada para merecerlo, si descartamos una predisposición absurda a la confianza ciega, al respeto a quien no se lo se merece y a creerme a pies juntillas esa leyenda urbana de que la gente solo dice te quiero cuando lo siente de verdad. Seguramente me engaño y recuerdo solo la imagen heroica y vagamente victimista que quiero recordar y que ha permanecido fijada en mí, como una mancha en un pantalón negro, que intentamos disimular porque está en un lugar que apenas se ve y luego resulta que es lo primero que salta a la vista y te pasas el día sintiendo cómo la mancha se apodera de tu ya escasa confianza en ti y acabas siendo esa misma mancha. Pero eso es lo que decidí creer de mí misma, y a estas alturas, ¿quién quiere cambiar de himno personal?

Escuchando a Father John Misty, veo por un momento un camión cisterna de lágrimas derramadas por indeseables que nunca derramaron una lágrima por nadie. Aunque da igual, porque cuando llora por alguien, lo único que quiere es sentir que ese alguien algún día se golpeará la cabeza contra la pared y se hará sangre, pensando en lo burro que fue dejando escapar a la persona que le quiso, que le quiso de verdad. Pero ya es demasiado tarde y no hay bastantes muros en el mundo para la letanía de lamentaciones que le esperan a esa rata de dos patas.

Escuchando a Father John Misty, me veo más vulnerable de lo que me creo, menos fuerte de lo que en realidad (¿en realidad?) me siento, más pequeña, más tonta, menos resabiada. Querría quemar todas esas fotos que me muestran inocente. Querría olvidar toda la ingenuidad que me poseía. Querría borrar todas las señales que no vi, que señalaban el precipicio, la caída libre, el peligro inminente, el abismo.

No sé qué quieren decir las letras de muchas de las canciones de Father John Misty o no sé qué se refería exactamente él cuando las escribió, pero sé que me hablan a mí. Ahora. Ayer. O quizás le hablan a un mí que ya no existe en mí, pero que, cuando existía, hizo que yo fuera quien soy. Yo ya me entiendo.

EXORCISTAS

La primera vez que vi la película *El exorcista*, no me enteré ni de la mitad porque tuve que taparme los ojos (y los oídos cuando podía) del miedo que me daba. Una de las cosas que recuerdo con más claridad y yo diría que la que más me aterrorizó fue el momento en que la madre de la niña poseída recibe al exorcista y le enseña, como quien ha aceptado que la pesadilla es algo normal, una habitación en que los objetos vuelan y Linda Blair vocifera en arameo. Desde entonces, cualquier mención a posesión diabólica, incluso en broma, me da auténtico pavor. Me desasosiega la idea de que la Iglesia católica, por indicación del Vaticano, por un lado, remite primero a un doctor a aquellos que creen estar poseídos por el diablo y, por otro, mantiene, solamente en Italia, a un plantel de trescientos exorcistas que no dan abasto con sus prácticas porque la demanda no para de crecer. Según la Asociación Italiana de Psicólogos y Psiquiatras Católicos, al menos medio millón de personas al año denuncian casos de exorcismo y los trescientos exorcistas en plantilla trabajan sin parar, domingos y días de guardar incluidos. El Vaticano da carta de naturaleza a estos profesionales, pero procura que hagan su trabajo en la sombra, para no empañar la imagen de renovación que quiere dar.

Gabriele Amorth, el más famoso exorcista, realizó entre 1986 y 2007, cuando se jubiló, cientos de exorcismos diarios, y un día llegó a practicar hasta seiscientos. Fue el primero en reclamar a la Iglesia que invirtiera en la formación de exorcistas. Otras instituciones como el Sacerdos Institute organizan cursillos semestrales donde enseñan los básicos de los rituales, la doctrina y la psicología del exorcismo, que siempre empieza con una petición al diablo para que se manifieste, seguido de oraciones y cánticos. Aunque para ser un auténtico exorcista, no hay que presentarse voluntario, sino que es el obispo de la diócesis de turno el que debe nombrarte.

Los exorcistas, hoy en activo, declaran que en muy pocas ocasiones han visto auténticos casos de posesión diabólica con gente girando la cabeza y andando al revés por el techo, aunque sí es más común el sujeto poseído que empieza a hablar en idiomas desconocidos. En la mayoría de los casos, los que piden ayuda a la Iglesia son gente desesperada con graves trastornos de personalidad que están convencidos de que el diablo habita en ellos y que agradecen que un sacerdote les libre del mal, aunque sea completamente imaginario. El simulacro de exorcismo que muchos de los curas exorcistas hacen cura a esos enfermos mentales al borde de la desesperación, que se creen poseídos por una deidad maléfica y que, tras él, resultan milagrosamente curados. Pero de ser cierto que hay personas auténticamente poseídas, ¿qué gana el diablo con este trajín de almas perdidas, de simulacros, de cabezas que giran? ¿Tanto se aburre en el infierno? Y, ¿no se cansará nunca de este duelo perpetuo con las fuerzas del bien, de este cansino vagar de cuerpo en cuerpo, buscando un lugar donde anidar tranquilo sin que venga un señor con *clergyman* y le ponga perdido de agua bendita y oraciones?

FELIZ CUMPLEAÑOS

Hace veinte años estaba embarazada.

Recuerdo que acabé de trabajar en mi antigua oficina y me fui a dar una vuelta. Faltaban dos semanas para que tú llegaras. Me senté en un parque del Paseo de San Juan. Me miré la barriga. Pensé en muchas cosas. Pensé en ti, en cómo serías. Pensé que, aunque yo nunca había dicho en voz alta que quisiera ser madre, sí lo había pensado muchas veces, con miedo, con miedo a la responsabilidad, a no estar a la altura, a no hacerlo bien. Pero también con ilusión, con amor, con un sentimiento difuso de cariño y ternura. Pensé en el momento en que supe que tú estabas en camino y el mundo cambió de repente. Un antes y un después.

Sentía unas ganas inmensas de abrazarte. Inmensas. Me dolían los brazos de las ganas que tenía. Te lo juro que me dolían. En ese banco me sentí feliz. Nerviosa, ansiosa pero feliz. Me levanté y me fui a una exposición de Sophie Calle. Recuerdo que pensé que Sophie Calle no tenía hijos y que me dio pena por ella. ¿Por qué recuerdo detalles absurdos como este? ¡Ni idea!

Volví a casa y me desperté en mi cama a las once de la noche y vi que estaba mojada. Había roto aguas. Llamé al hospital y me dijeron que fuera a las ocho de la mañana. Cuando colgué el teléfono, supe que ibas a llegar antes de las ocho. Mucho antes. Es curioso cómo el cuerpo sabe esas cosas. Desperté a tu padre. La bolsa con tus cosas estaba preparada. Un taxi. Muchos dolores. Al hospital. No estaba nerviosa. Era medianoche, tu padre intentaba hacerme reír, pero estaba más agitado que yo. Me daba un poco de pena que el hospital fuera tan feo. No quería que lo primera que vieras fuera un hospital tan feo. Con gotelé. Color verde pistacho. Me consolé pensando que los bebés ven muy poco, al menos eso había leído en las decenas de libros sobre bebés que había comprado antes de que llegaras. En la habitación me empezó a doler todo el cuerpo. Las enfermeras me dijeron que todo estaba yendo muy rápido. Que ibas a nacer pronto. Vaya prisa, dijeron. Me dieron una inyección. Me calmó el dolor. Me llevaron enseguida al quirófano. El médico no llegaba. Dijeron que no pensaban que nacerías tan pronto. Yo le pregunté a la enfermera si no venía el médico, que qué pasaba, que si ellas me iban a ayudar. «Claro, mujer». Cuando llegó el médico, se sorprendió de lo rápido que iba todo. Empuja, empuja, respira, empuja, respira. No tardaste nada desde que entramos al quirófano. Y no lloraste al salir al mundo con los ojos abiertos. Cuando te pusieron encima de mí, me abrazaste, de verdad que lo hiciste, pusiste tus bracitos sobre mí, noté tu piel increíblemente suave y sentí una emoción para la que no hay palabras, ni imágenes, ni frases, ni cuentos. Como si me hubieras oído cuando estábamos sentadas en el banco y te hubieras dicho a ti misma que tenías que salir inmediatamente, que no querías que me dolieran los brazos. Feliz cumpleaños, Zoe. Gracias por tus abrazos y por todo.

GRACE KELLY Y EL BAÑADOR BLANCO

Sopla una suave brisa en la piscina y los niños y sus carreras y gritos y chapuzones todavía no han invadido el recinto. Marie France lleva un bañador blanco con flores blancas adamascadas y un gorro de baño también blanco, con áncoras en relieve. Compró el traje de baño en 1978 en un mercado en Niza, y el vendedor, un búlgaro muy simpático, le dijo que nada como el color blanco para resaltar el bronceado y que con su figura y su pelo rubio parecería Grace Kelly. Más tarde, al llegar a casa y probárselo ante el espejo, se sintió efectivamente como Grace Kelly y supo que el vendedor había tenido razón. De puntillas avanzó varias veces hacia el espejo, simulando una pasarela de moda, mirando hacia él por encima del hombro e imaginando que Cary Grant la miraba desde un balcón del gran hotel de Montecarlo.

Esa tarde se sintió a gusto en su piel y muchas veces, en años posteriores, en momentos de dolor y tristeza o cuando se sentía especialmente vulnerable, esa imagen del día que se probó el bañador, caminando de puntillas, le volvía a la mente como un manto envolvente y confortable.

El gorro se lo regaló Laurent, cuando ella se quejó de que el cloro le estropeaba el pelo y se lo volvía verde. Ese gorro y un bolso de bandolera de plástico azul fueron dos de los pocos regalos que le hizo su marido en los veintiocho años de matrimonio. Era un hombre de una tacañería legendaria y la familia de Marie France siempre la había compadecido por eso. Ella se había adaptado a este rasgo del carácter de su marido, como se adaptaba a todas las cosas de la vida: con buen humor y un encogimiento de hombros. Sabía que el precio que tenía que pagar para estar con él, dado que le amaba con la clase de amor que solo los seres puros son capaces de experimentar por personas que no lo merecen, era no exigir cosas que él no sería capaz de darle nunca. Así se acostumbró a no esperar flores o regalos en los aniversarios. Él a menudo fingía que había preparado un regalo pero que, por razones siempre peregrinas se había extraviado o llegaría por correo en pocos días. Otras veces fingía que lo había olvidado «completamente, querida, completamente». Ahora, años después de la muerte de él, recordaba con ternura la expresión de falsa perplejidad cuando él aducía que se le había pasado por alto tal o cual celebración.

Hoy, en la piscina del condominio, Marie France, hace los ejercicios que le ha recomendado el médico para la artrosis, subiendo y bajando lentamente los brazos y las piernas, girando los tobillos, mientras canta por dentro una canción de Claude François, al que vio una vez en le Chatelet en París. Pronto llegarán las familias y el bullicio de los niños acabará con la tranquilidad de la piscina. Su gorro blanco refulge contra el azul del mosaico y cuando salga, al remontar la escalerilla, mientras el agua resbala desde sus hombros por el bañador blanco, se sentirá, una vez más, joven y hermosa como Grace Kelly. Y, si cierra los ojos, podrá ver a Cary Grant que la mirará con deseo desde un balcón en Montecarlo.

LA MALDICIÓN DE NOCHEVIEJA

Cada fin de año, desde que mi memoria alcanza, tengo la misma sensación de extrañeza inmediatamente después de las doce campanadas: ¿Por qué tanta gente siente la imperiosa necesidad de abrazarse y besarse y desearse feliz año? ¿Por qué hasta la panadera, que no te puede tragar desde que le dijiste que se había equivocado dándote el cambio (¡y de diez euros!), te deseó feliz salida y entrada de año? ¿Qué tiene esa fecha que hace que todos tengamos que sentirnos, querámoslo o no, expectantes, conciliadores, benévolos y con el corazón henchido de amor por el prójimo? ¿Y por qué algunos —sé, afortunadamente, que no soy la única— nos sentimos como androides recién salidos de fábrica que imitan la conducta de los seres humanos, incluso sobreactuando con abrazos con una efusividad que no llegamos a sentir? La maldita Nochevieja con sus campanadas, sus copas, su confeti, sus gorritos y sus fotos de grupo subidas a Instagram, con corazones, lluvia de estrellas y emojis de fuegos artificiales ha hecho más daño en la psique humana que todos los millones de artículos en la prensa española y en la red sobre si Pedroche debería llevar taparrabos, mono de astronauta o nada.

Pero volvamos a nosotros, a los que sentimos pavor ante el 31 de diciembre de cada año, todos los años: ahí nos tienen, atragantándonos con las uvas, que siempre se me atraviesan, repartiendo besos y abrazos, con una sonrisa forzada, pronunciando las palabras malditas: «Feliz año». Bebiendo como si no hubiera un mañana, para olvidar que el tiempo pasa inexorablemente y que celebrarlo con ese fervor desmedido no tiene el menor sentido.

Cada fin de año que he pasado sin campanadas, sin uvas y hasta sin darme cuenta que el año pasaba ha sido una auténtica bendición. En Japón comen albóndigas de pulpo y van a los templos a pedir cosas para el año que viene, dando tres palmadas y tocando una campana. Al menos, las albóndigas están buenas y nadie se abraza. Y en las colas de los templos te dan tazas de caldo. Cuando llega tu turno de pedir algo, no sabes muy bien qué pedir porque sientes el ridículo de la situación: una occidental en un templo de una deidad de la que no sabe ni pronunciar el nombre, dando tres torpes palmadas y soltándole unos yens al guardián para que transmita unos deseos que no puede ni formular. ¿Salud, dinero, amor? ¿Es eso realmente lo que deseas?

Recuerdo un fin de año en un pueblo de la Gomera donde no tenían costumbre de celebrarlo y hubo un apagón esa noche, con lo que a las nueve ya estaba todo el mundo en la cama, después de comer pan y queso, porque no se podía cocinar.

Yo no es que le desee mal a nadie (en fin, a unos cuantos sí, no nos engañemos) pero es que me cuesta hasta escribir en un *mail* irrelevante eso de «feliz año». Puedo desear un año aventurero, estimulante, creativo... un año curioso, diferente, rico en experiencias y hasta sabroso. Pero feliz... pues no oiga, no me sale de mí, por mucho que me fuerce a escribirlo y hasta que me fuerce a desearlo. Lo que me sale del fondo del alma es decir algo así como: «¿Cómo voy a desearte un feliz año si el que viene va a ser otro año perdido en la lucha contra el calentamiento global?». Pero nadie quiere ser un aguafiestas y mucho menos yo, así que: «¡Muy Feliz año!».

LA OSCURIDAD EN LOS ESPEJOS

Paseo por un barrio que en los últimos años se ha convertido en *cool, trendy,* moderniqui o como quieran calificar a unas calles que no hace tanto estaban llenas de almacenes de venta al por mayor de bragas y calcetines y ropa de niño. Primero fueron invadidas por la población china y, poco a poco, esta se fue retirando al este de la ciudad, dejando baluartes en forma de incontables salones de uñas, mientras mil y un locales de *brunch, bowls, pancakes,* kale y *eggs benedict,* se apoderan de locales pagados a precio de oro. Entro en uno de estos lugares por curiosidad nostálgica; está en una antigua mercería a la que recuerdo haber ido con mis padres, y los nuevos propietarios han tenido el detalle (lo que les honra) de haber dejado intacto el hermoso rótulo. Me doy cuenta de que la disposición de los mostradores era, al menos en mi memoria, bastante similar a la de ahora. El local por dentro sufre de esa extraña homogenización de los locales en esta ciudad, últimamente: las luces con bombillas antiguas, las sillas metálicas falsamente *vintage,* las fotos en blanco y negro, los espejos con las tapas del día, pintadas a mano, todo tiene un aire amable, correcto, bonito, armónico y absolutamente aburrido. Todos los locales de la época en que la mercería existía han desaparecido y en su lugar se respira un aire de franquicia que lo hace todo impersonal y hueco. Pido una café. Son las doce, pero ya aparecen los primeros turistas que no acaban de entender que aquí comemos a partir de la una. Los locales de esta zona, que ya tienen bien aprendida la lección, saben que al turista hay que echarle de comer a partir de las once y de cenar a partir de las seis. El local es enorme y no puedo dejar de preguntarme cuánto habrá costado su reforma, cuánto el alquiler, cuál es el coste de un negocio así, y ¿es negocio? Mientras me abandono a estas cábalas, una voz que me suena familiar me llega desde la mesa de al lado. Alguien a quien perdí la pista hace ya diez años. ¿Qué tal? ¿Qué fue de ti? ¿Dónde te metiste? Me cuenta que le echaron del trabajo, era periodista, no encontró otro lugar, «ya sabes cómo está la prensa», se le acabó el seguro de desempleo, estuvo muy enfermo. Mientras habla, noto que se tapa la boca con disimulo. Le faltan varios dientes. Vive de un subsidio de renta mínima en una habitación alquilada en el extrarradio. Ha quedado con alguien para una cuestión de trabajo, parece que la persona con la que había quedado le ha dado plantón y no tiene móvil para llamarle. Le presto el mío. Llama, mirando los números en un papel arrugado. Alguien contesta. Por la conversación deduzco que la persona con la que había quedado no piensa presentarse y «lo del trabajo» no era nada seguro, sino una mera manera de hablar. Me devuelve el teléfono, pide un vino blanco. «¿Me invitas?», dice. «Claro». Le traen el vino con unas aceitunas. Luego pide otro. Habla y habla y habla. Cada segundo de esos diez años, cada revés, cada negativa, salen de su boca y el local se va llenando de oscuridad. Y ni los espejos ni las luces brillantes consiguen amortiguarla.

LAS MANOS DE ISABEL ROJAS

Sonaba preocupada en sus últimos mensajes, pero optimista. Había pasado un verano duro, pero iba mejor. Nos íbamos a reencontrar en unos días, en la terraza de siempre para un café con hielo, tras su sesión de rehabilitación. Y hoy me despierto con un mensaje de su hija diciendo que falleció ayer. Isabel Rojas. Mi amiga de la infancia y adolescencia. La persona de la que más cerca me sentí en esos años de formación y dudas y cavilaciones y miedo y exaltación. Mientras las lágrimas hacen su aparición y el dolor al pensar que ya no está me acompaña en esta lluviosa mañana en Bruselas, una montaña de imágenes aparecen ante mí. Isabel sonriendo mientras se acerca a un banco del parque paupérrimo donde nos encontrábamos. ¿Ya te leíste el de André Gide? ¿Tienes *La cartuja de Parma*? ¿Quién puede tener *En el camino*? ¡Cómo me ha gustado *El largo adiós!* Chandler. Hammet. Stendahl. Kerouac. Leíamos con pasión, con hambre, con exaltación. Cada libro era un paso más hacia un mundo al que anhelábamos pertenecer, al que intuíamos que pertenecíamos. Era de una belleza sobrecogedora. Yo le decía que parecía una actriz de película de Bergman, una mezcla de Ingrid Thulin y Liv Ullmann con algo de Greta Garbo. Había sufrido polio de niña. Cojeaba. Pero nunca vi que su cojera la detuviera. Era intrépida y atrevida y lista y enérgica y tranquila y divertida. A los dos minutos de estar con ella, la cojera se hacía invisible. Hablábamos de libros, de amor, de sexo, de películas, del miedo a la vida, de Dios, de la muerte, hablábamos de todo. Tenía una hermana mayor que estaba en París y cuando volvía nos traía libros y sándalo; para mí su hermana era un mito viviente a la que yo admiraba con la ingenua admiración adolescente hacia alguien que te parece de otra galaxia.

Pasó el tiempo. Empezamos la Universidad. Nos distanciamos. Por esas cosas sin sentido que suceden entre amigas. «Yo creía que...». «Y yo, yo pensé que...». Cuando volvimos a encontrarnos, ella llevaba unos años en una silla de ruedas. Con ELA. Y su hermana había muerto. De esa misma enfermedad. Esclerosis lateral amiotrófica. Y me descubrió el mundo de una cruel enfermedad de la que yo lo desconocía todo. La progresiva pérdida de control sobre el cuerpo. La silla de ruedas. La inmovilidad. La bomba de oxígeno. Las dudas sobre si someterse a una traqueotomía. La dependencia de cuidadores, algunos maravillosos, otros no. La vulneración constante de sus derechos, con la que los enfermos de ELA se enfrentan cada día por parte, no solo de los estamentos públicos, sino de todos los que se atreven a opinar sobre su derecho a la vida. Su increíble habilidad para escribir con la barbilla. La lucha diaria constante por mantener la dignidad y la lucidez y el sentido del humor y las ganas de vivir. Isabel, que siempre fue alguien muy comprometido con causas de todo tipo, empezó una batalla para que los enfermos de ELA pudieran llevar una vida digna. Pero igual que la polio no la definía, la ELA tampoco la vampirizó, y nuestras conversaciones volvieron a girar sobre libros, sobre películas, sobre política, sobre lo divino y lo humano, aunque ahora se añadía la preocupación constante por nuestras hijas, qué harán, con qué mundo se encontrarán, qué herramientas podemos darles...

Y yo, mientras me contaba todos sus esfuerzos para que los enfermos de ELA fueran respetados y escuchados, miraba con admiración sus manos, que siempre llevaba con la manicura impecable, cruzadas sobre el regazo. Blancas, tersas, bellísimas manos de Isabel Rojas. Siento no haber compartido más tiempo contigo. Pero no te olvidaré.

LAS NIÑAS BONITAS

Creo que no hay nada que me reviente más que cuando te encuentras a alguien y te dice: «Has adelgazado, ¿verdad?». Bueno, sí, cuando ese alguien te dice: «Has engordado, ¿verdad?». Yo puedo ser una arpía de cuidado en muchas ocasiones, pero jamás se me ocurre hacer un comentario sobre el físico ajeno, más allá de «tienes buena cara» o «te queda muy bien este vestido», porque, si no es para decir algo positivo, considero que es mejor cerrar el pico y no decir nada. Imagino que mi propia fobia a los comentarios sobre mi físico, que viene desde mi infancia, me hace ser extremadamente cuidadosa con lo que digo del físico de otras personas. Creo que hay algo de invasivo y miserable y de fundamental falta de respeto en la manera en que muchas personas comentan el aspecto de los otros, para rebajarlos y sentirse superiores. Pero es en la infancia donde todas estas cosas tienen su origen. Aprendemos muy pronto a que existe una norma y que todo lo que se desvía de ella es nefasto. Hay que ser guapo y delgado, porque si eres feo y gordo lo vas a tener muy chungo en la vida. Y si eres una mujer, todo es mucho más extremo. Desde que llevas pañales, tienes que escuchar cómo te llaman «guapa», «bonita», «qué mona es», «gordita», «qué mofletes», hasta que dejan de llamártelo y te preguntas si te has vuelto invisible y ya nadie te quiere. Todo el mundo se cree con derecho a comentarte tus granos de acné, tus michelines o tu ausencia de ellos, si eres alta o baja, tu postura, tus orejas, tus ojos miopes. En la adolescencia todo eso se agudiza, y las mujeres a las que no se nos considera guapas somos terriblemente conscientes de todo lo que no somos porque el mundo se encarga de mentárnoslo constantemente. Vivimos como si nos faltara algo, como si tuviéramos una tara y no estuviéramos completas. Pero, si por un momento, nos olvidamos, toda la maquinaria de la publicidad se encarga de recordárnoslo: las protagonistas de las vallas publicitarias, los anuncios de la televisión, de las revistas, de los prospectos de las medicinas nunca son mujeres como nosotras. Esas criaturas etéreas, eternamente delgadas, bellas, jóvenes nos recuerdan una y otra vez lo que no somos, lo que nos falta. En las alfombras rojas, no importa los méritos que tengan unas y otras: las guapas y delgadas y sonrientes son las únicas que existen. Accidentalmente se fotografía a alguna mujer normal, pero descuiden: antes fotografiarán a una actriz de cuarta categoría con un vestido con escote que a una empresaria que da trabajo a quinientos trabajadores y que tiene una talla 44. Raramente hay mujeres normales en el teatro, en las pantallas de cine, en la danza. El culto a la belleza ha hecho más daño para la autoestima femenina que siglos de patriarcado. Y sigue haciéndolo.

Una canción de mi infancia me vuelve una y otra vez a la cabeza: «Al pasar la barca, me dijo el barquero, las niñas bonitas no pagan dinero, yo no soy bonita ni lo quiero ser...».

LAS VENTAJAS DE *FLANÊR*

Si me paro a pensar, *flanêr*, o en su más simple traducción «deambular», es quizás de las cosas que más me gusta hacer en el mundo. Andar rápido, andar despacio, pararme, mirar una placa, ver cómo abren una calle que no parecía tener especiales problemas en el subsuelo, escuchar cómo cada mañana un hombre canturrea la misma canción mientras limpia los cristales de las puertas de una clínica psiquiátrica... Mi padre nació en el barrio en el que yo vivo desde hace treinta años, y muchos de los lugares por los que paso cada día tienen relación con él. El restaurante donde él y mi madre celebraron su banquete de bodas, en un primer piso, a escasos metros de mi casa, restaurante que ya no existe porque es un gimnasio. La placa que señala el lugar donde nació uno de sus músicos favoritos, Antonio González, el Pescaílla, con el que coincidió muchas veces. La taberna donde mi abuela jugaba a cartas y mis padres me enseñaron las delicias del aperitivo, que guarda las mismas neveras de madera enormes que me impresionaban de pequeña. La calle llena de excrementos de caballo donde me caí de niña, después de una fiesta de Sant Medir, y me tuvieron que poner la inyección del tétanos. Las chocolatadas de la Fiesta Mayor. Las plazas. Las mercerías que luchan por sobrevivir. Los negocios que abren y cierran y vuelven a abrir. A veces, cuando paseo muy temprano y el cielo está rojo, el barrio semivacío se me antoja, de repente, teñido de una luz que lo embellece todo. Fantaseo con la idea que soy una viajera (nunca una turista) y finjo que todo es nuevo y lo veo por primera vez. Y siempre, siempre hay algo que me sorprende. Lugares de comida preparada andina, tiendas donde venden hasta 30 clases diferentes de galletas caseras, salones de belleza donde te peinan el aura y el alma. Pastelerías árabes, japonesas, portuguesas. Escuelas de yoga de disciplinas de las que nunca había oído hablar, muchísimos sitios de *coworking*, muchísimos. ¿Qué harán todos estos chicos y chicas enfrente del ordenador? ¿A qué aspiran? ¿Con qué sueñan? Cruzo la Plaça del Diamant vacía y rememoro la primera vez que leí a Mercè Rodoreda. El impacto de sus novelas en mi mente adolescente. La belleza fulgurante de algunos pasajes que me aprendí de memoria. Al pasar delante del refugio antiaéreo, vuelven también las historias que me contaba mi abuela de las bombas cayendo sobre Barcelona, los caballos destripados, el miedo, el hambre, siempre el hambre. Sigo caminando y llego a una plaza dura, fría, La Plaça de les Dones del 36, veo que han abierto una academia de *pole dance* y se me hace un cortocircuito en la cabeza. Entro en un bar donde una camarera soñolienta pero sonriente me sirve un cortado y, cuando se le vierte el contenido en el platillo, insiste en hacerme otro, aunque le digo que no, que no importa. Hay mañanas que me cruzo con mujeres maquilladas impecablemente que me hacen preguntarme a qué hora se habrán levantado. Otras, me cruzo con parejas que no han dormido y tienen el pelo revuelto y caras cansadas pero felices. Cuando vuelvo finalmente a casa, veo que el cartero ya ha pasado y cojo la correspondencia. Abro entonces la factura de la electricidad y no doy crédito. No puedo creer que eso sea el importe de este mes. Subo lentamente la escalera. Me paro, retrocedo, vuelvo a salir a la calle. Antes que ponerme a llorar a oscuras en casa, prefiero seguir paseando, paseando, paseando.

MANCHAS DE TINTA

Voy al quiosco de una de las innumerables plazas de mi barrio con la intención de instalarme en una terraza con calefacción de gas y atiborrarme de noticias horribles y artículos sobre el apocalipsis, cortados y algún zumo de zanahoria con jengibre. Está cerrado por traslado, así que me voy a otra plaza. El quiosco que recordaba ya no está allí, una vecina me dice que hace un año que lo cerraron. Con algo de inquietud en el cuerpo voy a otra plaza y allí sí que por fin puedo comprar todos los periódicos y revistas que quiero. Me pregunta el quiosquero si quiero una manta que dan con una de las publicaciones por

cinco euros más y le digo que no. Hablamos unos minutos sobre la cantidad de cosas que un quiosco tiene que albergar en
estos días, desde tazas a cuberterías, pasando por ollas, alisa-
dores de pelo, robots de cocina y hasta drones. El quiosquero parece resignado, y no le importa admitir que saca más con
los chicles, los refrescos y las gominolas que con el papel. Me
alejo con mi cargamento, venciendo la tentación de caer en un
ataque de nostalgia de los grandes, diciéndome que, mientras
queden quioscos y gente que quiera leer las noticias en papel,
manchándose los dedos de tinta y haciendo ruido al pasar las
páginas, no todo está perdido. Ya instalada en la terraza, pro-
cedo a mi ritual: primero, sacar las noticias de deportes y ale-
jarlas, luego un repaso somero de los cuatro periódicos para
avistar los artículos que *a priori* me parecen relevantes y dig-
nos de leerlos a fondo y no de través, y, tras el segundo café,
una inmersión en cultura, política internacional, y política nacional, en este orden.

Tras el 9 de noviembre, evito cuidadosamente leer en profundidad los temas de Estados Unidos porque me deprimen profundamente: cada noticia, cada comentario, cada elección,
cada nombramiento es la demostración de que las peores pre-
visiones no son infundadas, sino que se quedan muy cortas.
Pero me doy cuenta de lo fácil que es caer en un bucle de desesperación e impotencia que no lleva a ninguna parte. Es un
tsunami de barro, donde la única opción posible es apretar los
dientes y rezar para que ni Melania ni Ivanka le convenzan para
abandonar esa dieta insana a base de huevos y filetes de carne
roja muy hechos.

He comprobado que una vez superada la sección internacional, la nacional siempre parece un poco menos dañina, menos
relevante. Como les debe pasar a los que compran los diarios de-
portivos cuando pasan muy por encima de los resultados de los
equipos de tercera regional. Lo bueno del triunfo, el pasado 9 de
noviembre, del productor ejecutivo del programa *The Apprentice*
(obsérvese que evitó pronunciar su nombre, me da mucha gri-

ma) es que luego lees las declaraciones de los políticos de aquí y te producen hasta una cierta ternura.

Cuando termino con los periódicos y pago los cafés, paso por la farmacia para proveerme de ibuprofeno. La farmacéutica, al verme cargada con ellos, me dice «Huy, yo hace mucho que no los compro, los leo en internet. Así no te manchas los dedos de tinta».

MARION COTILLARD Y LAS AMÍGDALAS

Me llega un correo firmado por una prestigiosa web francesa con más de tres millones de suscriptores (no se crean que es una de esas erráticas webs cutres que, previa toma de tan solo unos comprimidos, garantizan un extraordinario crecimiento del pene) que afirma que Marion Cotillard, la fenomenal actriz de *La vie en rose,* luce un cutis tan terso gracias a su pasión inveterada por los baños helados de asiento. Sí, al parecer, poner unas tres veces al día el perineo *on the rocks* proporciona solaz, descanso, *detox,* lozanía y un sinfín más de bondades, y Marion Cotillard es —según esta web— una adepta a la práctica del «bain dérivatif», que así se llama la cosa. El texto continua contando en una primorosa tipografía y con una suficiencia encomiables que la entrepierna femenina está generalmente a 37 grados, temperatura que hace al cuerpo de la mujer, proclive a toda clase de enfermedades e inflamaciones —citando a varios naturópatas, por lo cual, se impone imperativamente bajar la temperatura de la zona—. Y para ello, por supuesto, nada como unas bolsas de hielo «especialmente diseñadas para el perineo». ¡Que venden a un módico precio haciendo un clic en el siguiente enlace!

Nunca hasta ahora había leído nada del «bain dérivatif» ni conozco a ninguna mujer ni francesa ni de las otras que haya oído hablar del tal baño. Y aunque tengo el correo de Marion Cotillard, no me atrevo a reenviarle la información, porque supongo que ya le habrá llegado por otros lados y sus abogados estarán trabajando activamente para demandar a los de la web (y hundirles en la miseria, espero).

Lo que no puedo dejar de preguntarme es en qué estaba pensando el algoritmo que decidió que yo podía picar con un producto semejante. ¿Hay algo en mi historial de búsquedas (restaurantes, viajes, recetas de sopa de cebolla) o en las escasísimas compras que he hecho por internet (básicamente estanterías, libros descatalogados y una alfombra que devolví porque se parecía a la fotografía de la página como un huevo a una castaña) que me convierta en carne de cañón para picar con un timo semejante? ¿Por qué yo? ¿Es este mensaje uno más de la infinita letanía de mensajes dedicados a considerar el cuerpo de la mujer como una zona catastrófica donde siempre hay algo que anda mal?

Y entonces recuerdo que hace dos días hablé con un amigo sobre Marion Cotillard y la química que tenía en la película *Rust and bone* con el actor Matthias Schoenaerts. Los únicos testigos de la conversación fueron mi perro y mi teléfono. Y no veo el interés que puede tener Noodles —que así se llama el perro— en dar el chivatazo de mi admiración por Marion Cotillard. Así que tuvo que ser el teléfono el que me delató. Mi teléfono.

Este incidente no es aislado. En los últimos tiempos, muchas personas me han contado que, después de simplemente mencionar en una conversación un tema, un libro, una comida o un paisaje, reciben correos y anuncios que tienen que ver con la conversación que han tenido, aunque hayan sido tan solo mencionados de pasada y nunca hayan sido objeto de una búsqueda activa en la web. El colmo es una persona que soñó con una comida que nunca había probado y al día siguiente recibió vales de descuento para probarla. ¿Nos espían nuestros teléfonos? ¿Captan palabras sueltas —quizás las que incluso pronunciamos durmiendo— y las transmiten a inmensas bases de datos para que nos conviertan en meros consumidores de cachivaches, píldoras, modos de vida, bulos, estadísticas trucadas que nos hacen dudar de lo que sabemos, de lo que pensamos, lo que creemos?

Tras leer el artículo «Somos animales pirateables», de Yuval Noah Harari, un ensayista al que yo y media humanidad admiramos, me quedo perpleja con su teoría de que el libre albedrío no existe y que justamente aquellos que estamos convencidos de que opinamos libremente somos los más proclives a estar manipulados.

¿Dónde queda entonces mi total convencimiento de que todavía sé distinguir entre la auténtica libertad, que reside en la disidencia y en el coraje de pensar distinto, y la idea de la libertad como una vaga entelequia impresa en una camiseta de Zara, que reclaman aquellos que jamás han sufrido por su ausencia? ¿Mis supuestas certezas? ¿Lo que he aprendido y lo que he aprendido a desaprender? ¿Es peregrino pensar que podemos resistir o es demasiado tarde —como parece decir Yuval Noah Harari— para oponerse a la colonización de la estupidez venga de la tribu que venga? ¿Y además de enriquecerse sin medida mientras nos hacen más pobres, más tontos, más asustados y más sumisos, qué buscan los que están detrás de todo esto? ¿Es eso todo? ¿Hay algo más en toda esta conjura?

Ese maldito algoritmo que nos piratea desde el momento que decidimos seguir a Kim Kardashian y a su prodigioso trasero en Instagram o cuando hacemos clic en el titular más sensacionalista y que conformará nuestra forma de consumir, votar y vivir, sí creo —o necesito creer— que puede ser combatido: con «esfuerzo y codos», como decía un formidable profesor de griego que tuve hace años, y con ese libre albedrío que debemos, por supuesto, cuestionarnos constantemente para saber cuánto de libre tiene, cuánto de algoritmo. Aunque también sospecho que el gran enemigo no es el algoritmo en sí, sino la predisposición humana a lo más fácil. Y ahí sí nos tienen pillados a todos: es más fácil leer medio párrafo sobre las bobadas de un cantante que se siente solo en la cumbre que dedicarle media hora a un texto que habla con fundamento del calentamiento global y del tiempo de descuento para salvar el planeta en el que estamos inmersos. Es más fácil dejarte arrastrar por la opinión de los demás que tener una opinión propia. Es más fácil vivir como te dicen que vivas que vivir como realmente piensas que debes vivir. Es más fácil destruir —la convivencia, la ética, los derechos humanos— que construir. Es más fácil jugar al Candy Crush que mirar el paisaje avanzar por la ventana del tren. Es más fácil insultar que razonar. Es más fácil el exabrupto que el silencio. Y es más fácil el silencio cómplice que decir lo que realmente piensas.

Quiero, y necesito creer, que es posible darle la vuelta a todo esto, coger por una vez el camino más difícil y menos visitado y joderle la jugada al algoritmo, aunque eso implique sacrificios y cuestionamiento y, probablemente, sudor y lágrimas.

Que, según las palabras de Noah Harari, «nuestra amígdala pueda estar trabajando para Putin», además, no es algo que yo pueda considerar como un peligro, porque me quitaron, como a muchos de mi generación, las amígdalas, cuando tenía cinco años. Aún hoy, recuerdo el metálico sabor del éter deslizándose suavemente por mi garganta, mientras todo fundía a negro.

MAULLIDOS SIN FRONTERAS

Los gatos de Nápoles se comen las cortezas de pizza que les guardan los camareros del bar Rímini en el barrio de Spaccanápoli, los de Roma vagan por el Foro, altivos e indiferentes a la belleza de las columnas y capiteles. En Hong Kong, los gatos desconfían hasta de su sombra. Los gatos color *ginger* de Brooklyn se escabullen por las escaleras de incendio para tomar el sol, mirando al Hudson y las luces al otro lado del río. En París, los gatos llevan jerséis de rayas y saltan de las barcazas hasta los muelles, mientras persiguen a aprendices de *Ratatouille*.

¿Y los de nuestra ciudad? El artista Marcos Isamat ha reflejado, con mano maestra y enorme ingenio, una colección variopinta de gatos única y extraordinaria que pululan desde el Tibidabo hasta el mar. Son astutos, ingenuos, valientes y temerosos, taimados e inocentes. Saltan de noche y se pasean por los cruceros del puerto, esquivando a los turistas que quieren hacerse un *selfie* con ellos. De día, buscan rincones soleados para hacer yoga y meditar sobre lo divino y lo humano.

Los gatos de Barcelona escriben, esculpen, cantan, venden, compran, componen, pintan, filman, cantan, crean, sueñan. Y siempre que pueden y les dejan, ¡maúllan!

MI RECETA INFALIBLE PARA LA RESACA

Nos prometemos que será la última vez. Que nunca más mezclaremos cosas que no se deben mezclar (léase vermut-vino blanco-vino tinto-y-champán). Que nos limitaremos al agua con gas con alguna cerveza. Pero es inevitable que tras una fiesta, celebración, *opening* o bacanal más de una mañana nos levantemos con un resacón formidable. Uno de los remedios más locos que he oído para combatirlo es poner medio limón en la axila del brazo con el que bebes. Me lo contaron en Puerto Rico, pero nunca supe si tiene fundamento científico o es una leyenda urbana para engañar a los turistas. En Haití, el remedio es puro vudú: hay que clavar trece agujas con la punta negra en los corchos de las botellas de vino que nos causaron la resaca, para que el dolor de cabeza y las náuseas revierta en ellas. No dicen que hay que hacer con los tapones que no utilizan corcho. En la antigua Roma, los bebedores remataban las bacanales con canarios fritos con sus plumas porque creían que los huesecillos del canario y las plumas combatían el dolor de cabeza. Séneca no era partidario de esta práctica. Remedios clásicos incluyen, en Namibia, beber litros de leche de búfala con ron y especias (beber alcohol para combatir la resaca es de las cosas más estúpidas que pueden hacerse); en Alemania, comerse en ayunas, antes de bebérselo todo, varios arenques con cebolla cruda y pepinillos en vinagre; en Japón, toman *umeboshi*, una ciruela confitada en vinagre, que es sumamente digestiva y que te ofrecen como aperitivo en muchos bares de sake. Después de probar algunas de estas cosas —no el fiambre de pene de toro, a eso no he llegado— paso a darles un remedio casero que a mí me ha funcionado: antes de acostarse, una ducha fría y una caliente (en este orden), dos latas de Sprite y una lata de anchoas. Sin pan. Suena raro, pero les aseguro que me ha ahorrado más de una resaca. Y si no les gustan las anchoas ni el Sprite, siempre les quedan las trece agujas de punta negra o freír al canario.

NORMAL PEOPLE NO ES UNA NOVELA NORMAL

Normal People, la nueva novela de Sally Rooney, la jovencísima autora irlandesa que ya sorprendió con *Conversaciones entre amigos,* aparece ahora en las librerías y antes de que la crítica la deconstruya y la califique y la desmenuce y la ensalce (lo van a hacer en su mayoría) y se convierta en un fenómeno interplanetario (ya están en marcha las adaptaciones cinematográficas), me gustaría contarles mis impresiones de ella, que pueden tomar simplemente como el testimonio de una lectora compulsiva que devora libros con el mismo fervor que el Cookie Monster ama las galletas. El testimonio, eso sí, de alguien que lleva leyendo desde que aprendió a leer por sí misma a los cuatro años, según la leyenda de mi familia, que yo no termino de creerme.

Vaya por delante que hacía mucho tiempo que no lloraba tanto con un libro. En los últimos años, he leído buenas novelas, grandes novelas, novelas mediocres, inanes, irrelevantes, excelentes, pero puedo contar con los dedos de una mano las novelas que me han tocado la fibra, hasta el punto que creí que quizás mi fibra había ya desaparecido. Cuando terminé *Normal people*, sentí el impulso de volver a leerla. Y lo hice, y lloré aún más. Desde que terminé esta doble lectura, no dejo de preguntarme qué tiene este texto para conmoverme así. Los protagonistas de la novela, Marianne y Connell, tienen apenas trece años cuando empieza la novela, veintiuno, quizás veintidós, cuando esta se acaba. Son irlandeses. De clases sociales diferentes. Casi de planetas diferentes. No hay crímenes, ni mujeres en trenes o ventanas, ni asesinos en serie, ni intriga propiamente dicha, ni dragones, ni apocalipsis ni épica en esta novela. Marianne y Connell se acercan, se alejan, se aman, dudan, cada uno piensa que al otro no le importa lo bastante, se deprimen, sufren, gozan y el vals que nos narra Sally Rooney termina siendo una historia de amor cercana, honesta, pura y bellísima. No quiero contarles la trama porque la trama en realidad es lo de menos. Solo puedo decir que leyendo *Normal people* volví a sufrir como cuando tenía catorce años, volví a ser la adolescente rara que leía *Por el camino de Swan* en la hora del patio en el instituto, volvía a sentirme rechazada, juzgada, herida, vacía, abrumada y asustada, volví a ser la mujer que minimizaba las heridas y fingía ser valiente y capaz de afrontar la soledad y la angustia y el dolor, poniendo buena cara. La novela despertó a la Marianne que duerme en mí. Y también al Connell.

La lección de esta novela, al menos para mí, está muy clara: no existe el amor sino las pruebas del amor, y ser mujer es llevar las de perder en el mundo y en el amor. Solo cuando un hombre llega a entender eso, a entenderlo de verdad, a sentirlo como propio, las relaciones entre los hombres y las mujeres pueden dar un un paso de gigante y ser vividas en igualdad. Mientras tanto nos queda esta preciosa novela donde esa quimera parece posible.

SYLVIA Y LA MUJER MARAVILLA

En 1961, años antes de su muerte, la escritora Sylvia Plath acudió a un programa de radio con su marido Ted Hughes, donde se entrevistaba a jóvenes parejas de artistas.

A la pregunta del entrevistador de: «¿Y ustedes dirían que son parecidos o muy diferentes?», ambos contestaron al unísono. Él dijo: «Somos muy parecidos», y ella: «Somos muy diferentes». La grabación se puede escuchar en una de las miles de páginas consagradas a Sylvia Plath que circulan en la red. Es sorprendente que nadie se ría después de escucharles a ambos decir cosas tan distintas al mismo tiempo con el aire solemne de la radio de esa época. Solo unos segundos de silencio, en el que el locutor da paso a una pieza de música clásica de Stravinsky. Desde mi adolescencia, como muchas mujeres de todas las generaciones, Sylvia Plath ha supuesto un icono, una leyenda, y también una especie de faro de luz negra, como todas las poetisas que se han suicidado: Pizarnik, Anne Sexton (que pensaba que Plath le había robado protagonismo suicidándose antes que ella lo hiciera). Durante mucho tiempo, fue la infidelidad de Ted Hughes (un poeta inmensamente respetado en el mundo anglosajón y totalmente impenetrable, debo confesar, para mí) la que supuestamente empujó a Plath a meter la cabeza en el horno, pero, después de leer los diarios de la autora y todas las biografías que he podido encontrar, no consigo desprenderme de la sensación de que a Sylvia Plath la mató el ansia de perfección. Ella tenía que ser la autora más perfecta, la perfecta amante, la perfecta esposa, la madre perfecta, la mejor cocinera del mundo, la más hacendosa, la que horneara las tartas de ruibarbo más deliciosas, la que remendara los pantalones con más destreza, la más ingeniosa, la mejor hija: la mujer maravilla, Wonder Woman, la mujer imposible. Cuando el mundo impecable que se había montado en la cabeza empezó a desmoronarse, unido a una tendencia depresiva desde la adolescencia que se le recrudeció en los últimos tiempos, decidió acabar con su vida. O solo fue una llamada de atención, nunca lo sabremos.

Lo que sí sabemos es de esa ansia de perfección a todos los niveles que la corroía y que corroe a muchas mujeres y les amarga la vida. Lo sé porque soy una de ellas y me resulta difícil vivir con la idea de que soy fundamentalmente imperfecta, que no hago ni un 10 por cierto de las cosas que me gustaría hacer (y ese 10 por ciento ni medio bien), que por mucho que me esfuerce y desgañite y sude esa idea de perfección que en algún momento se me metió en la cabeza como una garrapata nunca será real.

Así que aquí estoy ahora, aprendiendo despacio a amar los fallos, los defectos, las meteduras de pata, los vicios inconfesables, las lágrimas, los poros. Y tratando de evitar no sin dificultad que me dé un ataque de hilaridad imparable con la película *Wonder Woman*, que es una de las cosas más estúpidas que he visto en una pantalla: tan estúpida, vacía y aburrida como las películas de superhéroes, solo que con un corsé más ajustado.

UN CHUPITO DE NADA

Es rubia, joven y muy simpática. Tiene una enorme colección de mohines que despliega cada vez que se equivoca en las comandas, que es más bien todo el rato. «Ay, me habíais pedido un agua y una cerveza antes, ¿verdad?, lo he apuntado en la página que no es». Nos trae una ensalada que no hemos pedido y el vino que no es y retira los cubiertos y los vuelve a poner y no se acuerda del hielo que llevamos rato reclamando. Pero aguantamos el tipo porque no queremos hacernos mala sangre, porque en estos casos es mejor relajarse y, después de todo, ella es rubia, joven y simpática y en este país hay mucho paro y de alguna manera tendrá que ganarse la vida, dado que está claro que Dios no la ha llamado por los caminos de la biología molecular. Hay toda una generación de chicos y chicas en este país que me

recuerdan mucho a las generaciones de camareros que pobla-
ban los bares y restaurantes de L. A.: actores, actrices, guionistas y directores en ciernes que veían lo de servir mesas como
una molestia pasajera y a los clientes como actores fantasmales
de la película que vivían en sus escasamente amuebladas cabezas. El 0,1 lo consigue. El resto sigue trabajando en la hostelería
con una amargura mal disimulada. Y un día se vuelven a Ohio o
a Carolina del Norte, a los 50 años, con la maleta llena de *head-
shots* y guiones sin acabar y consiguen de milagro un trabajo en
Walmart. En España, los camareros que conocen su oficio son
los que están en trance de desaparecer, y en su lugar tenemos
una generación nacida de la precariedad, la ignorancia y el desconcierto vital.

Cuando terminamos de comer, tras la espera infructuosa de
un postre que nunca llega, la rubia se acerca con la cuenta y nos
dice con una sonrisa de oreja a oreja: «Si os ha gustado, pun-
tuadnos con muchas estrellas en el TripAdvisor, ¿vale?». Decimos que vale, que por supuesto. Y ahora (y esto es textual)
«¡Qué bien! ¿Queréis un chupito de algo o de nada?».

UN CLIC, CLAC Y YA

Anochece y me doy cuenta de que nunca resolveré este enigma.
Podría atribuir mi incapacidad a muchas cosas, pero lo cierto
es que en ningún momento de mi vida he sido capaz de hacer
lo que he intentado hacer desde esta mañana, ni aun tomán-
dome todos los intervalos del mundo, ni haciendo respiraciones, ni dando paseos energéticos, ni siquiera empezando una
y otra vez con la mejor de las disposiciones: jamás conseguiré
interpretar las instrucciones para montar la mesa de café, que
ingenuamente compré desmontada, tras escuchar al vendedor
cabrón que me persuadió con un «señora, es facilísimo, hasta un niño podría montar esta mesa, esto es un clic, clac y ya».
Pues no, oiga. Para empezar, no encuentro las letras del plano

que se supone corresponden a las incontables tuercas que tengo delante. Soy incapaz de identificar ni la «a», ni la «b», ni la «c» ni nada por mucho que agite el plano en todas las direcciones, como si esperara que mágicamente, al conjuro de las letras del abecedario, los tornillos fueran a encontrar su camino hacia las roscas. Me siento fracasada, agotada, con la moral por los suelos, tras cada nuevo intento de interpretar las instrucciones. Ni siquiera he conseguido averiguar dónde van las patas de la mesa que cruzaban en diagonal las dos superficies de esta y que tan inofensivas parecían con la mesa montada en la tienda, que por cierto no era Ikea ni ninguna otra gran cadena. Envidio profundamente a los manitas. Y a los que tienen un manitas a mano.

Mi fracaso montando la mesa inevitablemente, dado mi carácter pesimista, me lleva a otros fracasos. Me pongo a repasar varios de ellos, antiguos y recientes. Nunca he conseguido aparcar decentemente marcha atrás. Jamás me he puesto de pie en una tabla de surf. Soy incapaz de superar el miedo a los vestuarios de los gimnasios. Me he equivocado escogiendo socios y parejas (aquí he mejorado, gracias a Dios, lo admito). No sé respirar bien ni hacer croquetas. Mis habilidades domésticas dejan mucho que desear. La economía no es mi fuerte. Tengo una engorrosa habilidad por granjearme las antipatías de cualquiera que teóricamente pueda beneficiarme en algo. Hablo más de la cuenta en situaciones comprometidas por pura fobia social. En público, cuanto más me esfuerzo por expresarme con claridad, más me embrollo. Siempre escojo la cola más larga, el camino más difícil, la ruta menos transitada (¡que por algo será!), la manera más enrevesada y ardua de llegar de a a z.

Probablemente es demasiado tarde para cambiar el signo de esta larga lista de fracasos, pero de una cosa sí estoy segura: nunca volveré a creer a nadie que me diga que esto es un «clic, clac y ya», y en adelante no se me va a ocurrir comprar un mueble desmontado. Si necesitan una mesa de café todavía en el embalaje original sin estrenar, son ochenta euros en Wallapop.

UNA GATA GRIS

Está embarazada y camina todo lo elegantemente que su embarazo le deja. Es gris y blanca y un poco ceniza. Le gusta especialmente un rincón donde termina un seto y empieza una plantación de olivos. Nunca he conseguido acariciarla, ni aún sobornándola con boquerones.

Desde hace unos días, se acerca prudentemente a unos metros de mí, me mira y se acuesta en el suelo, dándome el trasero. Es la gata de los vecinos, y el año pasado ya tuvo gatitos y los dejó aquí, en esta parte del jardín, y los zorros casi se meriendan a toda la camada. Conseguimos salvarla a tiempo, gracias a los amigos que se volcaron en adoptarlos. Durante días, los zorros merodearon la casa y se acercaban hasta la puerta, mientras los cachorros se arrebujaban en una caja de cartón forrada con una toalla. De ella no había ni rastro. Pensé que se la habían comido los zorros, pero vuelvo a verla por aquí de nuevo.

Yo he tenido tres gatos, los amo, pero soy alérgica a ellos y, antes de sucumbir al asma que me producen, siempre los he tenido que regalar. La gata gris, desde su prudente distancia, se gira de cuando en cuando hacia mí, para cerciorarse de que la sigo mirando. Siempre, en mi fuero interno, he tenido la certeza de que los gatos gobiernan el mundo, nos vigilan, nos miran con la displicencia de una mente superior mientras les alimentamos y nos disputamos sus caricias. Los vídeos de gatos de YouTube son la máxima expresión de su poder en la sombra, a través de ellos controlan nuestras mentes, nos manipulan y, básicamente, se burlan de nosotros. Puede parecer una teoría descabellada, pero ¿por qué son tan silenciosos (excepto cuando están en celo, es verdad, pero ¿quién lo es?)? ¿Por qué son tan condenadamente elegantes y armoniosos? ¿Por qué tienen esa mirada que parece mofarse de nuestras expresiones de cariño incondicional hacia ellos? ¿Por qué los egipcios les dedicaban monumentos? ¿Por qué los vídeos de gatos son los más vistos en las cárceles del mundo, más que los vídeos pornográficos, las películas de Jean-Claude Van Damme o las de Steven Seagal? Ahora mismo, la gata gris me está mirando y sabe perfectamente que lo que estoy escribiendo se refiere a ella. Cuando he levantado la vista del ordenador, me ha mirado unos segundos y ha vuelto a desviar la mirada. Me está diciendo con la mirada que volverá a tener gatitos y que los dejará cerca de mi puerta y que yo los recogeré y les pondré en otra caja de cartón, como hice con sus hermanos. Y que, aunque, estornudaré de cuando en cuando y los ojos me lagrimearán, les alimentaré lo mejor que pueda y alejaré a los zorros y les buscaré familias que los cuiden como merecen y que se queden embobados con ellos y cuyos niños les filmen haciendo tropelías.

La gata me mira por última vez, me envía un mensaje telepático que solo ella y yo conocemos y se aleja, mientras yo pongo punto final a estas líneas.

EL DESDÉN DE LOS MANDARINES

Creo que todo empezó, como todas las cosas que definen la existencia, en el patio del colegio. Ese momento en que empiezas a socializar y te encuentras con que esa ansiada camaradería no es como te la habían contado ni como tú soñabas que fuese. Ver que existían bandos, ansiar pertenecer a ellos y darte cuenta que te era imposible pertenecer a ninguno: ni a los que cortaban el bacalao, ni a los que ni pinchaban ni cortaban. Ser demasiado lista para algunas cosas y muy corta e inocente para otras. Ir por libre. No opinar como la mayoría. Hablar a destiempo, poniendo en cuestión cosas que todo el mundo aceptaba como verdades monolíticas. Pensar por tu cuenta: algo cuyo precio has estado pagando desde que tu memoria alcanza. Recordar claramente una sensación constante de lealtad traicionada. De sobrar. De empezar a construir una coraza para protegerte de un mundo cuya dureza ya intuías: hablo de tener siete años y ver con la misma claridad que cualquier adulto que la vida no era, no es, no será nunca un camino de rosas. Hablo de ansiar integrarte en el grupo y a la vez ver a todo lo que hay que renunciar para hacerlo. Solo un desaforado apego a una incipiente pero firme coherencia te impidió rendirte y callarte y ser del club de los socialmente aceptados. Nunca mentiste sobre las cosas que te gustaban y que detestabas para hacerte la simpática, para caer bien, para ser uno más, para ser como ellos. Tu adolescencia siguió por los mismos derroteros. La niña convertida en adolescente que no encaja, a la que se califica de rara, de fuera de la norma, lo tuvo difícil en un mundo donde no parecía haber un sitio para ella. Aprendiste a defenderte. A apretar los dientes y tirar hacia adelante. No aprendiste a disimular, pero sí a ser muy consciente de que las consecuencias de lo que pensabas y decías no iban a traerte nada bueno nunca. A pesar de todo, en el camino encontraste compañeros, amigos, espectadores, abrazos, auténtica comprensión, cariño, escucha. Destellos de verdad, ramalazos de amor y voces que eran un eco de la tuya y de tus experiencias. Personas con un pasado parecido que se reconocían en ti y tú en ellas.

Y, con el tiempo, nada ha cambiado en esencia. La soledad, el aislamiento son los mismos. La ingratitud. La incomprensión. La lucha eterna para deshacer equívocos, bulos, maledicencia. El desdén de los mandarines que cortan el bacalao de lo correcto, de lo socialmente aceptable, de los profesionales de la falsa y santurrona bondad. El odio disfrazado de indiferencia de los que alimentan su propio pedestal con su aburrida, terca y confortable vanidad. Pero algo sí ha cambiado: en ese no-lugar sabes que no estás sola, hay otras voces disidentes, tímidas, desafiantes y furiosas que murmuran contigo que ese mundo que no os quiere también os pertenece. Y no van a arrebatároslo nunca más.

TINTA SIMPÁTICA

He visto un agujero en el asfalto de delante de mi casa como si un meteorito hubiera caído del cielo y se hubiera deshecho allí, justo allí en el medio de la calle. He visto seis helicópteros sobrevolar mi patio, como si persiguieran en serio a un asesino en serie. He oído esos helicópteros durante noches y más noches (y ahora mismo están ahí). He visto a turistas haciéndose *selfies* delante de hogueras y a chicas, a muchas chicas, haciéndose *selfies* y gritando consignas y haciéndose más *selfies*. He visto mensajes que ponen los pelos de punta. He visto a personas que me conocen vagamente cruzar rápidamente la calle para no encontrarse conmigo, para que no les vieran saludándome (mi desconcierto al darme cuenta, vago malestar, pena y, sí, algo parecido a la rabia). He visto a gente haciéndose de Telegram de repente y he sabido por qué (gente que no creeríais). He visto a una mujer con el pelo rubio impecable llevando un bolso de la última colección de Loewe, gritando sola a punto de desgañitarse: «Mossos, gossos» («Mossos, perros»). He olido a quemado muchas noches de octubre. He visto a mujeres mayores que yo reunirse en una plaza para discutir a qué manifestación se unían y dónde irían a cenar luego. Mientras unas abogaban por un bocadillo en una barra, otras defendían la idea de algo más sólido, menos informal (ganaban las segundas cuando me fui). He visto a una ciudad devastada levantarse y salir a la calle y pretender que aquí no ha pasado nada (y eso me ha dado más miedo que la noche antes, cuando los fuegos y los cánticos y los gritos). He visto a chicos con la boca tapada dirigirme miradas amenazadoras y desviar la mirada cuando yo no me achantaba. He visto una fotografía de un hámster con una banderita atada al cuello diminuto. He visto el desconcierto de los que no se imaginaban que esto iba a ser así, pero han seguido, como las novias camino del altar que de repente se dan cuenta de que no aman al hombre con el que van a casarse, pero siguen a pesar de todo hasta el «sí, quiero», el beso, el banquete, todo el lote, porque así lo quiso el destino, mami. He visto libros de reservas vacíos. He visto buena fe. Y mucha, mucha mala fe. He visto la pura ignorancia en acción. He visto el triunfo de «cuanto peor, mejor». He visto a hombres y mujeres quejarse amargamente (y he pensado: «No es ahora el momento de quejarse, llegas tarde, ¿por qué no hablaste cuando debías?») y me he callado y he agotado las pocas reservas de empatía que me quedan y me he agotado y ahí sigo mientras los helicópteros siguen surcando el cielo, atronadores, y me aguarda otra noche en blanco y solo me salva el último libro de Patrick Modiano, *Encre sympathique*, porque me recuerda que hay vida y mundo y melancolía más allá del ruido y del fuego y de los gritos y del silencio.

MUNDOS PARALELOS

Uno de los primeros cuentos que escribí en mi adolescencia era una historia de ciencia ficción, fuertemente influida por Ray Bradbury, donde la tierra estaba habitada por clones de otro planeta desconocido, que viven vidas paralelas a las del nuestro, únicamente hay una diferencia temporal de 24 horas. Un astronauta es enviado al espacio en una misión para descubrir las diferencias entre planetas y acaba, debido a la diferencia de 24 horas, descubriendo su propio asesinato. Muchas veces he fantaseado con esa idea en múltiples versiones que acaban más o menos trágicamente. Supongo que me resulta imposible ser optimista, por mucho que lo he intentado, incluso en un mundo de ciencia ficción. Pero ahora los mundos paralelos son también parte de mi realidad de cada día. Cuando pasas unos días en Madrid y vuelves a Barcelona, sientes que ambas ciudades viven vidas paralelas sin que sus caminos se crucen en ningún momento. Cuando cuentas cosas de las que te pasan y pasan aquí en la capital, la gente te mira con una expresión entre incrédula y conmiserativa, como si estuvieras como las maracas. Y cuando regresas y vuelves a tu vida cotidiana, te sientes, una vez más, un poco más solo que antes. Entre todas las consecuencias de estos años procesistas que vivimos, una de las que personalmente me ha afectado es el aislamiento y la soledad. La sensación de sentirme proscrito de mi tierra. La tristeza de ver cómo se ahonda la distancia que me separa de los que piensan algo totalmente opuesto a lo que yo pienso. Como si estuviéramos viendo realidades contrapuestas que nunca vayan a poder coincidir. El otro día, en una emisora de radio de Barcelona, me preguntaron algo que me dejó atónita, me preguntaron si yo amaba Catalunya. Respondí que por supuesto que sí, que es mi tierra, que la amo, lo respondí sin pensar, sin entender a qué venía esa pregunta, más propia de una emisora de tiempos franquistas. Pero eso no bastó para contener a las hordas de ofendidos profesionales que se cebaron con mi entrevista porque se me ocurrió decir que la actitud de los que defienden el Tsunami Democràtic me parecía de todo menos democrática. Hacía tiempo que no leía tantos insultos juntos y tan sucios. Bueno, justamente desde que se me ocurrió participar en un vídeo en el que se decía que España es una democracia, que al parecer es algo que también te hace merecedor de epítetos, de todo menos bonitos. No quiero imaginarme la que se hubiera armado si llego a decir que no a la pregunta en la emisora de radio. Igual me entregaban a las autoridades chinas para que me internaran en un campo de reeducación o algo así. Lo cual me hace pensar que cada vez me quedan menos ganas de que estos mundos paralelos nuestros se crucen en algún punto. Ni siquiera con desfase temporal.

ÚLTIMOS PROPÓSITOS

Sé que hacer una lista de buenos propósitos para el año que viene no garantiza en modo alguno que los vaya a cumplir, pero al menos queda constancia de que lo intenté. No se trata de grandes propósitos, como dejar de fumar (no fumo) o subir al Kilimanjaro. Son cosas más bien cotidianas y que deberían ser hasta factibles. Ahí van:

1. No perder ni cinco segundos prolongando situaciones que no van a ninguna parte. La vida es muy corta para desperdiciarla aguantando cosas y personas insostenibles y tóxicas. Aguantar, ¿para qué?

2. Ser consciente de todo el dinero que tiro en suscripciones a oenegés dudosas, de esas que te chantajean de mala manera. Dar el dinero directamente a gente a mi alrededor que lo necesita, que la hay. También eliminar cuentas bancarias y enterarme de cuánto pago por comisiones abusivas. No hacerme mala sangre cuando me entere. Eso es importante, no hacerme mala sangre.

3. Comprar en los comercios de mi barrio. No comprar en Amazon chorradas chinas que llegan estropeadas. No darle mi información a Amazon, aunque seguro que la tienen ya toda. Dar toda la ropa que no me voy a poner nunca y que se pudre en mi armario. Dar los bolsos extravagantes comprados en momentos de euforia que nunca he sacado a la calle. Ídem los zapatos. Sí, también los zapatos.

4. Admitir que ningún champú va a arreglar mi pelo. Admitir que nunca sabré manejar la plancha de pelo. Admitir que mi pelo tiene vida propia. Resignarme a todo eso. Con mucha dignidad.

5. No entrar al trapo cuando alguien dice que le gusta algo que yo detesto. Pensar en la gente que entra al trapo cuando yo digo que me gusta algo que ellos detestan. Tener presente la película de Agnès Jaoui *Para todos los gustos*, donde todo eso está soberbiamente explicado. Y tener presente los extras del DVD de la película, donde se ve a Agnès yendo a los Óscar, que es el mejor

ejemplo de tener los pies en el suelo que he visto nunca. Brava Agnès, como siempre.

6. No opinar sobre cosas de las que nadie me ha preguntado mi opinión. No ocultar mi opinión cuando me preguntan. No quejarme de las consecuencias de dar mi opinión. Apechugar con las consecuencias de ser quien soy en el país en el que vivo y en el momento en que vivo. Hay gente que lo ha tenido, lo tiene y lo tendrá mucho peor. Mirar un poco más allá del ahora y aquí. Un poco. Todo esto del ahora y aquí pasará. No lamentar las cosas que no se pueden cambiar. Comprender por qué no se pueden cambiar

7. Ignorar los comentarios malintencionados tanto como los bienintencionados. Y pasar olímpicamente de la gente mezquina, ruin y aburrida que, con la cantidad de cabrones que hay en el mundo, se dedica a ponerme a parir. Pasar de esa escoria. Recordar cómo se achican cuando algo les hace salir del anonimato y te enfrentas directamente a ellos con serenidad y educación. No lo aguantan. Recordarlo en los momentos en que te sientas vulnerable, recordarlo.

8. Saber todo lo que se pueda saber sobre el cambio climático. Contrastar opiniones. Recabar información de expertos. Volar lo menos que se pueda. Reciclar todo lo que se pueda. No desperdiciar comida. Eso es una de las cosas que peor me hace sentir, desperdiciar comida.

9. Imprimir esta lista y llevarla en la cartera. Mirarla de cuando en cuando y no sentirme demasiado culpable cuando haya fallado en casi todo.

CINE

CANCIONES DE AMOR PARA PULPOS EXTRATERRESTRES

Nos pasamos la vida mirando las estrellas. Las nubes. La luna. El cielo. Hablamos de ellos, juramos por ellos, soñamos con ellos. Sabiendo que nunca los tocaremos. Algunos fueron a la luna y dejaron allá en la superficie lunar una foto de la familia, como ese astronauta que hace poco confesó precisamente eso en una reciente entrevista que le hicieron al cumplir ochenta años: contraviniendo las órdenes de sus superiores, llevó en su traje espacial una foto de familia, padre, madre, los niños sonrientes impresos en los colores desvaídos antes de tiempo de las fotos Kodachrome de los setenta, y la depositó con mimo en la tierra gris marengo de un satélite que vemos casi todas las noches, brillante, rojo, púrpura, azul, amarillo dorado.

Nunca me he sentido más desconcertada como cuando iba al colegio y nos explicaban que la luz de las estrellas que veíamos a menudo era un espejismo, que muchas de ellas habían desaparecido y que lo que veíamos era su reflejo con retraso. Me sentí también un poco estafada, como si el cielo me estuviera jugando una mala pasada y ya no pudiera confiar en lo que claramente veía con mis ojos. Pero cuando nos enseñaron *2001: Una odisea del espacio,* en el instituto, me di cuenta de que hay muchas más cosas detrás de lo que uno ve o cree ver en el cielo. Y secretamente doté al famoso monolito de la película de alma y corazón y sabiduría infinita. Durante años, soñé con *2001,* con valses, la prehistoria, con un más allá de las estrellas, psicodélico y rotundo. Viví mirando el cielo y preguntándome dónde estaban «ellos», cuándo llegarían y cómo.

Viendo la película *Arrival* volví a sentirme como la adolescente que amaba el monolito, aunque esta vez el monolito fuera una mezcla de la torre Agbar, de Jean Nouvel, y del hotel Vela. Mucho se ha escrito sobre esta película, de sus trampas, de sus incongruencias narrativas. No me pueden importar menos los comentarios de los críticos de turno, que se toman las películas con la indiferencia fatigada de burócratas a punto de jubilarse. Porque, mientras estaba en la butaca, mirando la cara de elocuente silencio de Amy Adams, durante unos instantes, volví a sentirme con una intensidad abrumadora como la adolescente que alimentaba la secreta esperanza de que más allá de la luz de las estrellas muertas, de los satélites, de los planetas, del sistema solar, de los monolitos, de los valses de Strauss, hubiera una raza de extraterrestres, sin nuestros cuerpos, sin nuestras mezquindades, sin nuestras taras, una raza de entes que un día llegarían y nos susurrarían al oído las claves para que zanjáramos de una vez nuestros conflictos, nuestras rencillas, nuestra conducta autodestructiva, nuestra mierda. Mientras los pulpos extraterrestres de *Arrival* dibujaban sus círculos abstractos en la pantalla, empecé e canturrear en mi cabeza una silenciosa canción de amor. Venid pronto, no tardéis, esto se está poniendo muy feo, os esperamos.

CORSÉ Y CICATRIZ

Hay palabras que nunca se deberían traducir: «Empowering», o sea, «empoderamiento» es una de ellas. Cada vez que la escucho o la leo, no puedo evitar un involuntario estremecimiento de repulsión. Suena rematadamente mal. Suena como si a una manada de ocas con cabezas de mujer se les —nos— suministrara, a través de un embudo, una mescolanza de consignas de autoayuda, fanfarria y falsedad. Uno de los grandes misterios del éxito de la película *Wonder Woman*

es la unanimidad con que se la ha calificado de obra maestra
«empoderante». Conste que me parece una película esplen-
dorosamente dirigida y producida, y es estupendo que haya
obtenido ese dineral en la taquilla, y que por fin una película
dirigida por una mujer, Patti Jenkins (la directora de *Monster*),
le pase la mano por delante a los *blockbusters* del insufrible.
Zach Snyder. Ojalá estas cifras de recaudación allanen el camino para que otras mujeres dirijan películas con presupuestos millonarios, aunque pondría la mano en el fuego a que
solo allanarán el camino para producir más de lo mismo. Pero si hay que sacar conclusiones de este éxito, estamos donde estábamos. Una superheroína que vive en lo que parece un
campamento de verano para mujeres megaempoderadas (salido directamente de un capítulo de la genial y llorada *Futura-
ma*), poseedora de un cuerpo perfecto, con un corsé salido de
un escaparate de Agent Provocateur (aunque a la hora de sal-
tar a las trincheras debe resultar sumamente incómodo), lista,
buena, inocente y con un desconocimiento abismal de la historia contemporánea, decide parar la Primera Guerra Mundial
porque se apiada (y enamora) de un espía aliado: un puro disparate que resulta verosímil y entretenido en las páginas de un
cómic, pero que en la pantalla deviene cansino, aunque ahora el superhéroe se sonroje al recibir cumplidos, califique de
esclavas a las secretarias y presumiblemente tenga síndrome
premenstrual.

Si el efecto que se quiere conseguir es que las niñas del mundo se sientan fortalecidas al ver a una mujer de rostro sin poros, que salta, grita, distribuye mamporros, destruye tanques,
se convierte en flecha, látigo y pesadilla de malos estereoti-
pados, seguramente se ha conseguido, al menos durante el
tiempo que dura la digestión del barril de palomitas. ¿Y qué
pasa después? ¿Cuándo la niña, a la que le han regalado la Bar-
bie Wonder Woman, crece y llega a la universidad y es la primera de su clase, pero en el mercado laboral, antes de que a
ella, contratan a un hombre con la mitad de sus calificacio-

nes? ¿Qué pasa cuando desde que tienes uso de razón te bombardean con imágenes de una perfección que solo se consigue gracias al misericordioso Photoshop y a la cirugía estética que tú te empeñas, porque te han criado para ser tu peor enemiga, en creer real? ¿Qué pasa cuando te tienes que pasar la mitad de tu vida explicándote, justificándote y disculpándote por haber nacido con ovarios?

Si de verdad queremos un mundo más humano y menos raro, dejémonos de empoderamientos y boludeces y contémosles a las niñas y a las mujeres que no se hayan enterado que las mujeres maravilla del mundo no tienen superpoderes ni corsés ni muslos de ensueño. Tienen estrías, ojeras, arrugas, lorzas. Limpian la mierda que dejamos en las habitaciones de hotel, investigan como pueden en los laboratorios, transportan barriles de agua durante kilómetros, son vendidas por sus familias, son asesinadas por sus parejas, curan, cuidan, miman, piensan, escriben, sufren, se emborrachan, cometen errores, son ninguneadas en absurdos informes pseudocientíficos, meten la pata, lloran, bromean, se comportan a veces como hombres, a veces como niñas de siete años guillotinando a sus Barbies Wonder Woman.

Son tontas, listas, divertidas, aburridas, solemnes, mezquinas, generosas, hilarantes.

Son profundamente imperfectas.

Solo quieren —queremos— justicia, respeto, igualdad y equidad, ante la ley y ante los que marcan los sueldos. Un lugar en la mesa del poder y las decisiones. Y si puede ser, ya, ayer mismo.

El mejor momento de *Wonder woman* es cuando al personaje de Doctor Poison, encarnada con brío por Elena Anaya, se le cae la máscara y vemos la cicatriz que le cruza el rostro.

Esa cicatriz es más maravillosa y empoderante o lo que sea que todos los corsés del mundo.

DESPUÉS DE LA OSCURIDAD

Muchas veces me pregunto cómo será ver el mundo tal como es, sin mis sempiternas gafas. Sí, ya sé que ahora hay al parecer sencillas operaciones de láser con las que te quitan la miopía, el astigmatismo y la presbicia, pero es que la idea de un láser friéndome el ojo me apetece tanto como comerme un hámster. También sé que existen lentillas que te puedes poner por la mañana y sacar por la noche, pero pertenezco a ese cobarde grupo de personas que, por diversos traumas infantiles, es incapaz de soportar que nada se acerque a su ojo. Con decir que, incluso cuando una maquilladora profesional intenta ponerme el rímel, pego un bote que salto de la silla, me imagino que está dicho todo. Cada vez que voy al oculista a una revisión y me ponen las gotas para examinarme el ojo, acabo con medio litro de colirio por la cara porque no puedo soportar ver la mano del médico con el bote de colirio cerca de mí. No tengo ninguna explicación para esta fobia (como no la tengo para mi fobia al bacalao). Son manías que no le hacen precisamente la vida a una más fácil, pero con las que hay que apechugar como buenamente se pueda. Aunque he hecho de esta tara una virtud, poniéndome a coleccionar gafas de todos los rincones del mundo, en realidad siempre he soñado con ver bien sin ellas, y por eso siempre ando buscando maneras alternativas de arreglar la vista. Pero lo cierto es que no las hay.

En esa búsqueda del santo grial de la vista óptima, me tropecé con los hallazgos de Elizabeth Quinlan, una neurocientífica de la Universidad de Maryland (Estados Unidos) que está llevando a cabo unos interesantes experimentos con ratones con problemas de vista. Al parecer, el experimento consiste en mantener a los roedores en un espacio cerrado y a oscuras durante un cierto tiempo, pasado el cual se ha comprobado que su vista mejora notablemente. La doctora Quinlan, tras el éxito del test con los animales, decidió trasladar la prueba a los humanos y estuvo buscando a un hombre y a una mujer que accedieran a pasar diez días en total oscuridad. A principios del 2016, una mujer de 26 años y un hombre de 50 se sometieron al experimento de compartir un apartamento en Nueva York, preparado para que en ningún momento pudieran ver nada. Incluso la comida les fue suministrada a través de un tubo especial que no dejaba pasar ningún tipo de iluminación. Estas dos personas, que no se conocían, a partir del segundo día de oscuridad, empezaron a tener diversos tipos de alucinaciones. También desarrollaron más los otros sentidos: el gusto y el oído. Las fresas que les servían les sabían más dulces e intensas. Los ruidos del exterior les llegaban multiplicados por diez y hacían que se les desencadenasen más alucinaciones. Tuvieron varios ataques de ansiedad. Pasaban el día durmiendo, cantando y contándose la vida. Llegaron al final del experimento en buen estado físico y, cuando salieron al exterior, todo les pareció brillante, cálido y nuevo: como si lo vieran por primera vez. Se están estudiando a fondo los resultados de este experimento. Y yo los espero con ansia: sería capaz de pasar diez días en la oscuridad con mi peor enemigo si me aseguraran que a la salida iba a ver por fin con nitidez los contornos del mundo.

LA EDAD DE LAS MUJERES

Las mujeres siempre tenemos una edad, y esta, sea la que sea, es siempre inconmensurablemente superior a la del hombre que tenemos cerca. Cuando Dustin Hoffman y Anne Bancroft rodaron El graduado, el actor tenía tan solo 6 años menos que la actriz, aunque, en términos del guion, esta se suponía que tenía nada menos que 23 años más. En la película, se hacen continuas referencias a la madurez otoñal del personaje de Mrs. Robinson. En Sunset Boulevard, William Holden califica de anciana a Gloria Swanson, que en aquel momento tenía

51 años, tan solo 15 años más que el actor que acaba muerto en la piscina. En el nuevo film de Woody Allen, *Wonder Wheel*, Kate Winslet tiene un romance con Justin Timberlake. En el texto se subraya una y otra vez que el personaje de Winslet es mucho más mayor que el del cantante/actor. En la realidad, son solo 5 años los que les separan. Todos estos ejemplos son solo una pequeña muestra de lo que es una realidad, cuanto menos, curiosa: mientras que es incontable el número de películas en que el hombre tiene 20 y 30 años más que su pareja (ahí están todas las de Clint Eastwood y el propio Woody Allen), cuando la mujer es mayor, esa diferencia se ve aumentada por tres, esto es, una mujer ligeramente mayor que un hombre resulta, por las convenciones del guion, en alguien muchísimo más mayor, como si la ficción tuviera un extraño poder multiplicador.

Otro de los fenómenos que se produce en el cine es también sospechoso: a partir de una cierta edad, los cuarenta, las actrices, salvo escasas excepciones, pasan en un suspiro de interpretar a novias, mujeres o amantes a madres, solteras solitarias enloquecidas o psicópatas. No es una teoría, sino una realidad que me sigue pasmando cada vez que la compruebo. Todas las actrices con las que he trabajado o hablado saben bien de qué estoy hablando. Todas temen el momento en que les llegue ese guion en el que ya no hay escenas de sexo salvaje en bosques solitarios o furtivos encuentros en hoteles o en declaraciones pasionales en apartamentos vacíos, todo lo que hay son escenas en tediosas comidas familiares o secuencias donde llueve y la protagonista llega tarde a recoger a los niños del colegio, donde estos la esperan de mal humor.

Hay actrices que aceptan el cambio con resignación y abrazan esta etapa con dignidad. Otras se desesperan por encontrar guiones diferentes, historias que huyan de los estereotipos. A veces, raramente, las encuentran: Isabelle Huppert o Meryl Streep lo han conseguido. Pero ese no es el común denominador. Una vez más, la edad y no el talento marcan el periplo vital de una actriz. A la edad de George Clooney, ya van a ofrecerle papeles de abuela, mientras que a él le seguirán lloviendo papeles de galán, objeto de deseo de veinteañeras en edad de merecer. ¿Cambiaremos algún día esta dinámica en las películas? ¿Y en la vida real? No puedo responder a esa pregunta, pero al menos tengo la conciencia tranquila: tanto en la vida como en las películas, yo lo he intentado.

HARRY DEAN STANTON

Su cara era un elegante zapato de cuero viejo, curtido en mil caminos polvorientos.

Sonreía a menudo, pero siempre tenías la impresión que lo hacía a pesar suyo. Era un personaje de Faulkner encarnado en un ser de una delgadez de alambre, pálido, ceniciento, de ojos mates y dedos nudosos. El bar donde cantaba a menudo en Los Ángeles se llenaba siempre de amigos y acólitos y fans como yo, que asistíamos con solemnidad y aguantábamos sus cambios de humor, sus crípticos monólogos, sus desplantes, sus canciones marchitas que él desafinaba con un estilo único. A menudo, repetía una frase de Twin Peaks, que todos coreábamos: «Llevo 75 años fumando, nunca me he sentido mejor». Recuerdo esas actuaciones con fervor: él y Frank Sinatra son los artistas más carismáticos que he visto nunca sobre un escenario, y a ambos les vi cuando ya cumplían más de setenta otoños. Cuando acababa de actuar, se paseaba por las mesas del bar, ufano, te preguntaba qué estabas bebiendo, a veces se acordaba de que te había visto antes, que os habían presentado, que eras de Barcelona, que le gustaban tus gafas, que hacías cine. «¿Cuándo me vas a contratar? ¡Yo sé hablar español!». Y empezaba a hablar en lo que él creía español y tú le alababas el acento y le decías que algún día escribirías algo para él, algún día.

En setenta años de carrera solo fue protagonista de dos películas: *París, Texas* (1984) y *Lucky*, la última película que protagonizó a los noventa años. *Lucky* es un film creado, pensado y concebido para él. Es imposible pensar en otro actor al ver la película. *Lucky* ES Harry Dean Stanton. Sus andares titubeantes. Su manera de balbucear. Su voz ronca y fina a la vez. Su mirada sardónica que otea el horizonte sin esperar que el horizonte le devuelva una respuesta. Su manera de fumar sin tasa, como dándole el esquinazo a la enfermedad y a la muerte, con la certeza de que nunca se puede darle esquinazo. Y su manera de estar en silencio, de ocupar el espacio sin palabras, concentrado en el humo gris del primer cigarrillo del día.

Sam Shepard decía que el rostro de Harry Dean Stanton era ya historia, que no había que esforzarse mucho en escribir diálogos para él porque cualquier cosa que saliera de su boca, fuera un capítulo del Antiguo Testamento o un folleto médico sonaría fascinante. Más de cien películas, papeles grandes, pequeños: siempre inolvidables. ¿Cuántas veces habremos visto en la pantalla a monstruos reventar el pecho de la víctima de turno? ¿Y de cuántas nos acordamos? El alien maligno y escurridizo saliendo del cuerpo de Harry Dean.

En *Lucky* hay un personaje que interpreta David Lynch, su gran amigo. Es un hombre que habla con pena de su tortuga centenaria, una amiga que ya formaba parte del paisaje, que acaba de morir. Harry Dean Stanton le acompaña en el sentimiento y, tras un largo silencio, enciende parsimoniosamente un cigarrillo.

ELISA Y MARCELA Y NOSOTRAS

Elisa y Marcela está inspirada en las vidas de dos mujeres que se amaron y se casaron en 1901, cuando una de ellas se disfrazó de hombre y se apropió de la personalidad de un primo lejano que había fallecido. Todo lo que sabemos de ellas está contenido en los centenares de artículos de prensa de

la época, no solo los que se publicaron en Galicia y en España, sino también los que se publicaron en la prensa de todo
el mundo. Durante unos meses, Elisa y Marcela fueron lo que
ahora calificaríamos de *trending topic:* acapararon portadas,
inspiraron una novela de Felipe Trigo, fueron la comidilla de
todos los salones, hicieron correr ríos de tinta e incluso em-
pujaron a otra escritora gallega ilustre, Emilia Pardo Bazán,
a escribir un ensayo sobre ellas que, sin eludir un tono críti-
co, defendió su inteligencia y arrojo. Y, sin embargo, tras leer
esos cientos de artículos, el ensayo, la novela y el concienzudo y completísimo libro que el historiador Narciso de Gabriel les ha dedicado, no puedo evitar la sensación que todo
lo que sabemos de ellas es nada. Las *fake news* o, directamente, las calumnias también llenaban la prensa de la época, y
muchas de las afirmaciones que se publicaron como verdades
incuestionables suenan a invención. Escribiendo el guion de
la película, visitando los lugares en los que vivieron, viendo
la admiración y el desdén a partes iguales que la mera evocación de su historia provoca en la gente, Elisa y Marcela se
acercan a mí con una tonelada de cuestiones que se hacen más
y más complejas, cuanto más sé de esta historia. Rodando cada día fragmentos de su vida, estas dos mujeres, encarnadas
con amor y devoción por las maravillosas Natalia de Molina
y Greta Fernández, me resultan cada día más fascinantes. No
pretendo que lo que mi película cuenta sea lo que realmente
pasó, y forzosamente he tenido que fabricarles una vida cotidiana, una forma de amar y moverse y luchar y sufrir y reír
y gozar. Nadie puede afirmar si una amaba y la otra se dejaba querer o era al contrario, si urdieron el engaño a la Iglesia
para estar juntas o para cubrir el embarazo de Marcela. Hoy,
mientras rodamos en Bastavales y suenan las campanas del
poema de Rosalía, alguien me pregunta si ellas, Elisa y Marcela, estuvieron aquí, y solo puedo contestar que no lo sé, pero que, de haber estado, les habría gustado este lugar único
y este cielo inmenso que se abre ante nosotros desde el cam-

panario y estas rosas henchidas de agua de lluvia que se ba-
lancean con el viento.

LO QUE ESTÁ POR CONTAR

Es curioso, cada vez que pienso que se acabó, que no tengo
ninguna historia más que contar, ¡zas! Oigo una conversación
en un café o en el metro o leo una noticia o alguien me pasa un
cuento. Y a lo mejor, lo que se me ocurre es una mezcla de todo: de lo que he oído en el metro, de la noticia o del fragmento
de la conversación que escuché en un café. O quizá tiene muy
poco de todos esos elementos, pero despierta en mí las ganas
de contar historias, de contar otra historia. Siempre he tenido
la sensación de que son las historias las que llegan a mí y me
atrapan. Que yo solo soy un vehículo a través del que ellas se
manifiestan. Sé que suena un poco raro, pero es así. Para que
una historia te atrape, tienes que estar dispuesto a recibirla,
dispuesto y abierto a que todas esas historias que circulan por
ahí te toquen de una manera personal y consigas hacer de ellas
una película. Es muy importante esa actitud, y también tener
la humildad suficiente para reconocer que esa historia en realidad no te pertenece.

Hay muchas películas que me gustaría hacer: películas sobre surfistas, sobre profesores de literatura en cárceles en los
años treinta, sobre mineros en el desierto de Atacama en Chi-
le... Estoy segura de que algunas las haré, otras se quedarán
en el cajón... Hacer una película te permite también vivir otra
vida y a través de las películas que hecho he vivido otras vidas: he vivido en Canadá en una caravana, he ido en trineo a
conquistar el polo en Noruega, he sido japonesa, he trabajado en una plataforma petrolífera media del mar del Norte, y
¡hasta he muerto! La auténtica magia del cine, como de la literatura, es que te transporta sentado hasta el fin del mundo sin que te muevas de tu silla. Pero para eso el director

de cine tiene que creer a pies juntillas que está en el fin del mundo. Yo tengo esa capacidad como espectador y como director. Y me divierto tanto en la sala del cine como en el *set* de rodaje. Alguien, creo que el genial director Orson Welles, dijo que el cine es el tren eléctrico más caro del mundo. Tenía toda la razón.

JEANNE

La primera vez que vi a Jeanne Moreau en una pantalla fue en *Jules et Jim*. Hay un momento, al principio de la película, cuando Catherine, su personaje, es seguida por los dos amigos durante un paseo y repentinamente se gira hacia ellos y les dice: «Ustedes son dos idiotas». El rostro completamente serio de Catherine y su risa posterior se me quedaron grabados, así como el momento de la carrera cuando ella se pinta un bigote y les desafía a ambos a correr en un puente. Creo que en ese momento me pareció la mujer más fascinante del mundo: una mezcla única de inteligencia, madurez, tormento, inocencia, morbo, y todos los *je-ne-sais-quoi* que hacían de ella una actriz singular, por encima de modas y por encima del tiempo.

En los años posteriores, busqué sus películas, buenas, malas, geniales, mediocres, con avidez. Bastaba su presencia para iluminar la pantalla, su rostro contaba una historia que transcurría paralela a la historia de la película, distanciándose, alimentándola. *La noche*, de Michelangelo Antonioni, enfrentada a un Marcello Mastroianni con aspecto de tenerle miedo. Las tres películas que hizo con Orson Welles, un director que intentó seducirla sin éxito y que supo sacar su parte vitalista y alegre en *Falastaff* y su parte tenebrosa en *El proceso*. *Ascensor para el cadalso* y *Les amants*, con Louis Malle, con el que tuvo una relación y que dijo de ella «que abandonaba a los hombres en la cuneta». *Nathalie Granger*, con Gérard Depardieu, dirigidos por Marguerite Duras. *El diario de una camarera*, dirigida por Luis Buñuel.

Jeanne Moreau se codeó con las mentes más estimulantes del último siglo: Jean Cocteau, Jean Genet, Marguerite Duras, Blaise Cendrars, Henry Miller, Tennessee Williams, André Gide... y sedujo hasta el final de sus días a todo el que se le puso por delante. La vi en el teatro una sola vez, en *La celestina,* y todavía recuerdo la parsimonia con la que contaba las migas de la mesa, mientras recordaba el pasado: ella, para la que el pasado siempre estaba presente.

Tuve la enorme suerte de conocerla en persona, con motivo del Festival de San Sebastián en el que fui parte del jurado del que ella era la presidenta. He leído estos últimos días comentarios completamente falsos de su tiempo en Donosti y no perderé el tiempo respondiendo. Lo que sí quiero dejar claro es que, a los ochenta años, cuando la conocí, Jeanne Moreau poseía una inteligencia, un sentido del humor y una vitalidad que para sí quisiera mucha gente de treinta, y que los diez días que pasé viéndola a diario, compartiendo cenas, películas, paseos, visitas, fueron una auténtica delicia y una lección de vida: en dos minutos, consiguió que olvidará el mito y que me sintiera cómoda a su lado. Era cariñosa, atenta, asombrosamente inteligente en sus juicios sobre el cine, contradictoria, cercana. Y sí, a veces se enfadaba como una niña de siete años, y sí, quería salirse siempre con la suya, ¿y qué? Estar a su lado era vivir un pedazo de la historia del cine contado por alguien que había formado parte de ella y que no estaba de vuelta de todo porque la cabeza de Jeanne siempre estaba abierta a propuestas, proyectos, ideas. Esos días me proporcionaron su amistad y la de su agente, Yoann de Birague, que se convirtió en el mío.

Nunca olvidaré una noche en la que me dijo que, por favor, escribiera un papel para ella y para Bruno Ganz, a lo que yo dije que sí, que por supuesto. No lo hice. Aún no sé por qué. Y lo lamentaré para siempre.

MILAGROS

Hay una secuencia en *La dolce vita*, de Federico Fellini, que, desde que vi la película, se me quedó grabada. No es la única, por supuesto, porque la película, como todo el cine de los grandes, guarda siempre sorpresas y rincones inexplorados que solo se perciben después de verla repetidas veces. Esta hace referencia al momento en que Guido, el desencantado reportero, va con su novia a cubrir la información de un milagro en las afueras de Roma. Unos niños afirman haber visto a la Virgen y, rodeados de un grotesco cortejo, empiezan a señalar diversos lugares donde supuestamente se les aparece, mientras la gente, los periodistas, la familia y los enfermos con sus cuidadores corren como gallinas sin cabeza, intentando acercarse a algo, que obviamente no está allí. Estas imágenes estremecedoras son una buena representación de muchos momentos de nuestras vidas, y también de tantos y tantos momentos de la vida de la humanidad. Corremos de acá para allá, intentando acercarnos a algo que potencialmente curará nuestros males y será la solución definitiva para todos nuestros problemas, aunque la lógica y el sentido común nos indican lo contrario. Seguimos a líderes con discursos sin sentido, que, a su vez, van dando tumbos y giros completamente aleatorios, porque no tienen la menor idea de lo que están haciendo. Votamos a los que creemos menos dañinos y terminan haciendo el mismo daño que los que creíamos salidos del Averno. Dejamos nuestro dinero en manos de la banca, cuyo rescate con el dinero de nuestros impuestos parece ya un hecho consumado y olvidado en la noche de los tiempos. Escuchamos que la economía americana va viento en popa, a pesar de que su presidente es un bufón mentiroso que se presentó candidato para subir la audiencia de su programa de televisión y que ni siquiera disfruta ocupando el Despacho Oval. Y este hombre ignominioso, probablemente el menos capacitado de la historia para este cargo, será reelegido, a menos que se le atragante la bolsa gigante de Doritos que consume diariamente.

Cuando estoy en pleno rodaje de un proyecto, hay un momento mágico en el que todo parece encajar y sientes que la cámara capta algo intangible, una corriente de amor, que tiene que ver con la química y hasta con la metafísica. Minutos más tarde, me doy cuenta de que era un espejismo y que tengo que seguir intentando plasmar algo que quizás es inalcanzable: la realidad en todas sus capas, compleja, inasible, complicada, rica, dura. Yo también corro de acá para allá hacia todas las direcciones donde creo que se aparecerá la Virgen o la verdad o lo absoluto o vaya usted a saber. Y me esfuerzo y sudo y me canso y me extenúo y sigo en pos de una quimera que no sé si existe o, de existir, si la alcanzaré.

Queremos creer en los milagros. Y el único milagro de verdad es que, a pesar de todo, estamos vivos y hay mañanas que huelen a promesa, a hierba recién cortada y a esperanza.

NO, NO ME GUSTA EL FÚTBOL

Cualquier turista de los sesenta millones que visitan Catalunya, incluso aquellos que únicamente tienen ojos para Gaudí, Dalí, el pan con tomate y las rebajas de Zara, se da cuenta de las banderas con cuatro barras y una estrella (en cierto modo una versión de la bandera confederada americana) que penden de algunos balcones (¿el 10 por ciento, el 15?). Cuando me preguntan sobre ellas o sobre la hipotética independencia de Catalunya, confieso que mi primer impulso es escurrir el bulto. No quiero amargarles las vacaciones a gente de paso que aspiran a broncearse, visitar catedrales y comer condenadamente bien. Porque eso, que para ellos es solo un elemento folclórico, que olvidarán en cuanto deshagan las maletas al volver a casa, para mí y para mucha gente como yo es un proceso («¡*procés!*») que venimos soportando con estoicismo teñido de estupor durante los últimos años. Explicar lo ocurrido durante este último decenio en esta parte de España es tan difícil como explicar las mareas a alguien

que nunca ha visto el mar, y por eso no voy siquiera a intentarlo. Pero sí quiero explicar cómo nos sentimos aquellos que no
compartimos este nacionalismo a ultranza, los que nos sabemos y sentimos catalanes pero no tenemos ninguna necesidad
de poner una bandera en el balcón, los que hemos sido barri-
dos, silenciados y eliminados del espacio público porque no nos
sumamos a esta corriente que amenaza con enquistarse en una
estado de malestar sin fin.

Si alguien, hace tan solo diez años, me hubiera dicho que
en el 2017 el ambiente político en la tierra donde he nacido
iba a estar así de enrarecido, no le hubiera creído ni harta del
excelente vino del Priorat. La subida al poder en Catalunya
de partidos eminentemente nacionalistas está teniendo unas
consecuencias funestas tanto para la misma Catalunya como
para el resto de España: se está promoviendo y fomentando
continuamente el desprecio hacia los otros territorios del Estado español, se antepone antes que cualquier debate sobre
qué hacer para mejorar la vida de los ciudadanos en un marco
justo y solidario una mítica tierra de promisión que pasa indefectiblemente por la «desconexión» de España, eufemis-
mo tras el que se esconde la independencia, que según sus
partidarios es algo con lo que soñamos desde la más tierna
infancia los ocho millones de catalanes, que, supuestamente, según nuestros representantes políticos, vivimos esclavi-
zados, amordazados y sojuzgados por el perverso Gobierno
central. Hace unos días, la presidenta del Parlament, Carme
Forcadell escribía un artículo en *TNYT* donde describía un panorama político que, de no vivir aquí y ver a diario lo que ocurre, me hubiera impulsado a apuntarme a una nueva Brigada
Lincoln y presentarme a defender las libertades amenazadas.
El juicio a Mas y compañía que ella describe, como si estuviera hablando del juicio universal, está siendo un juicio con
todas las garantías de la ley. Paradójicamente las únicas personas amenazadas, insultadas y zarandeadas, son los fisca-
les por parte de la acusación. Y en eso consiste este perverso

uso de la realidad de esta clase política. Hablamos de una clase política que usa un martirologio completamente fabricado para escapar a cualquier intento de crítica y que utiliza y manipula según le conviene las cifras de las balanzas comerciales y los impuestos para convencer al votante de las bondades de la independencia. Una clase política cuyos ideólogos están tan tocados por la corrupción como la clase política del Gobierno central, al que ni disculpo ni exculpo de este estado de cosas. Una clase política que nos mete a todos en el mismo caso y nos impone, sí o sí, un referéndum, que visto lo visto, tiene muy pocas garantías de celebrarse.

RECIBA MI CONSIDERACIÓN MÁS DISTINGUIDA

He recibido una carta cuyo contenido y remitente no revelaré, pero que terminaba con una fórmula que hacía años no veía: la que titula este artículo. Venía con una larga misiva donde su autor exponía las bondades de su vida y obra —aún no reconocida por la opinión pública y los medios, esos vendidos al oropel más superficial—, ponía a caldo la mía y, mientras me perdonaba la vida, me adjuntaba un guion de 250 páginas que, según su propio criterio, era susceptible, bajo mi dirección (que varios párrafos más arriba se había encargado de denostar cumplidamente) de ganar varios Óscar y convertirse en la obra maestra total «que hace años el público espera y desea ver». Reconozco que, a lo largo de mi carrera, he recibido numerosas cartas de más o menos este cariz, donde sus autores emplean un tono a caballo entre el despecho, la rabia y el resentimiento para ponerme a caldo y ofrecerme guiones que invariablemente van a salvar mi carrera, mientras consagran a sus autores y les hacen entrar en ese olimpo de estrellas al que creen pertenecer con todo merecimiento, y que solo la ceguera de directores, productores y periodistas impiden el paso. Cuando recibo una carta así, intento medir el grado de bilis de su autor: si sobrepasa una medida que me parece insufrible —y conste que tengo cuajo para aburrir—, tiro directamente y sin miramientos el guion a la basura. Si el texto está escrito con una cierta gracia, leo el guion y contesto a su autor. El autor de la carta que nos ocupa afirma tener 76 años y haber ocupado su vida en un negocio familiar —cuya naturaleza no especifica— que le impedía dedicarse en cuerpo y alma a la escritura cinematográfica. En atención a su edad avanzada y a pesar de que la carta parece escrita con fórmulas notariales comunes con toques de Don Quintín, el amargao, decido leer el guion. A las tres páginas ya se han muerto varias personas de la misma familia por una enfermedad mortal. De hecho, la palabra «mortal» aparece quince veces tan solo en las primeras diez páginas. A la página veintiocho, después de intentar entender quiénes son los personajes que aparecen de repente dando voces en medio de una cena familiar escrita con la sutileza de Steven Seagal dando mamporros en un salón de té, me doy por vencida: es un batiburrillo infumable, sin pies ni cabeza ni corazón, y la vida es demasiado corta. Supongo que mi desconocido interlocutor interpretará mi silencio como una ofensa más que se suma a las que el mundo en general le ha infligido. Le recomiendo también que, antes de enviar una carta semejante, se cerciore bien del currículum de la persona a la que quiere convencer para que lleve a la pantalla su magna obra, puesto que ninguna de las películas que menciona (y critica) ha sido dirigida por mí. Desde aquí le envío un cordial saludo y, por supuesto, mi consideración más distinguida.

SONRISAS DE UNA NOCHE DE VERANO

En 1955, después de haber puesto en escena *Don Juan*, de Moliére, y *La casa de té de la luna de agosto* en el teatro, en Estocolmo, Ingmar Bergman se retiró a descansar a Suiza a un hotel de lujo llamado Monte Verità, con la idea de escribir un guion de una comedia romántica y ligera. Los Alpes no le atraían en lo más mínimo, bien al contrario, la deprimían. Cerca del hotel había un hospital para sifilíticos y Bergman los veía salir a pasear cada mañana, desde la ventana de su habitación. Cuando no podía más del aburrimiento, conducía hasta Milán para escuchar óperas, que tampoco contribuían a elevarle el ánimo. En su biografía, cuenta que en esa época padecía insomnio y se planteaba a menudo la posibilidad de quitarse la vida. Empezó con desgana a escribir el guion que se había propuesto.

Hay noches de verano en las que, sin razón aparente, te despiertas empapado en sudor a las tres de la mañana. Te levantas, miras el teléfono, te entretienes mirando las noticias un rato, consultas tus correos, estás incómodo, te colocas otro cojín detrás de la nuca. Te invade una desazón extraña que no se sabe de dónde viene: otras noches ha hecho el mismo calor y has dormido sin problema hasta una hora razonable, pero no esta noche, en la que empiezas a pensar si tu buena suerte con los ciclos del sueño se ha acabado. Ninguno de los libros que tienes en la mesilla te atrae especialmente. Te levantes, sales al patio, todo está tranquilo, el aire muy quieto. Parece que hasta los mosquitos están agotados y duermen. Repasas mentalmente la lista interminable de las obligaciones de los próximos días: textos que escribir, correos que devolver, mudanzas, traslados, viajes, recados, encuentros, llamadas, médicos. Nada es especialmente grave ni urgente, aunque en la nebulosa del insomnio, todo se agranda y se complica y se tuerce antes de haber empezado. Uno de los grandes consejos que alguien me dio para combatir el insomnio es no hacer nada: dejar la mente en blanco en un estado próximo a la meditación. Lo que antes se llamaba contar corderos, algo que siempre me ha costado mucho, porque empiezo a pensar en el acto físico de contar corderos y empiezo a imaginármelos, con sus balidos y sus lanas colgando y sus caras aviesas y ya no me funciona el truco.

Decido poner un DVD en mi maltrecho reproductor. Es curioso cómo, todavía, un acto físico tan tonto como meter un disco en un aparato, a la hora de ver una película, me sigue pareciendo mejor, más humano, menos raro que el *streaming*. Cómo se agarra uno a estos pequeños actos atávicos, cómo... Es una película de Ingmar Bergman, en blanco y negro, que viste hace muchísimos años y que apenas recuerdas. En la pantalla, un rondó amoroso, divertido, sensual y poético te hace olvidar el insomnio y bendecir el momento en que Bergman combatió el suyo, escribiendo esta bellísima película. *Sonrisas de una noche de verano*.

YVONNE

Voy por una autopista, atravesando el estado de Nueva York, y en una emisora, por casualidad, capto la voz de inimitable acento de Francis Ford Coppola hablando de su rodaje con Marlon Brando en *El padrino*. Describe el momento en que llegó a casa del actor para hacerle una prueba que le habían pedido sus productores, armado de una cámara, varios salamis, provolone y vino. El actor les abre la puerta vestido en kimono y con una larga melena rubia: el aspecto menos apropiado para hacer de Vito Corleone que se puede imaginar. Coppola cuenta minuciosamente el proceso de Brando tiñéndose el pelo con betún y poniéndose unos clínex en la boca para simular la peculiar manera de hablar del mafioso. Aún con kimono, en el momento en que Brando se puso los clínex en la boca, nació el Vito Corleone que conocemos. Y esa imagen me lleva a otra imagen que en estos días vuelve a mi cabeza una y otra vez: la última vez que vi a Yvonne Blake. Fue no hace tanto, en un restaurante en Madrid, delante de una comida deliciosa y una buena botella de vino. Durante muchos años, nos habíamos ido cruzando en festejos, celebraciones y demás actos sociales en los que mi habitual estado de pulpo-en-un-garaje me había impedido cruzar no más de cuatro palabras con ella. Y, a pesar de eso, cada vez que cruzábamos esas cuatro palabras, sentía una especial conexión con ella, una conexión que es muy rara en mí, y que por esa misma razón valoro inmensamente cada vez que se produce. Yvonne era abierta, divertida, sabia, noble, apasionada, lúcida. Me hubiera gustado muchísimo trabajar con ella. Sé que nos hubiéramos entendido. Yvonne era una *rara avis* en el cine español, pero era una *rara avis* también en el cine mundial. Alguien que pasó de ayudante de sastra a diseñadora de producción y vestuario de *Farenheit 451*. Alguien que, como Coppola, como todos los grandes, tenía una manera tremendamente sencilla de hablar de su trabajo. Escuchar hablar a Yvonne de cómo se le habían ocurrido las ideas que cimentaban su trabajo era fascinante: La falda y el peinado de Julie Christie en *Farenheit 451*; todos los materiales que probó antes de crear el mítico traje de Superman; la camisa de Hugh Grant en *Remando al viento*, y el inolvidable traje de Marlon Brando también en *Superman*. Recuerdo que en la comida hablamos de casi todo lo divino y lo humano, como si todo este tiempo hubiéramos estado almacenando preguntas que formularnos. Nos gustaban las mismas cosas y ambas detestábamos también las mismas: el *bullshit* lo primero.

Al final de la comida, no puede resistirme y le pregunté qué tal había sido su experiencia con Brando. «Fue muy fácil trabajar con él, me dijo que se pondría lo que yo quisiera... El problema era... que cada vez que le probábamos el traje, que estaba hecho de un material muy delicado, había engordado y teníamos que ensanchárselo, así que un día, poco antes de rodar, le dije que dejara de engordar». «Y ¿lo hizo?», le pregunté a Yvonne. «Bueno, me miró como un niño pillado en falta y, por supuesto, ¡no me hizo ningún caso! Tuve que crear una especie de casaca abierta sin botones, que no era mi idea inicial... Cada vez que me veía aparecer por el plató, tiraba la comida que tenía en la mano y decía: "¡Lo hago por ti, Yvonne!"».

COSAS QUE NO LE DIJE AL SEÑOR ROTH

Nunca te llamé Philip, porque, desde que tu mayordomo me condujo hasta tu estudio, te hizo gracia lo de señor Roth. Recuerdo cómo ensayaba en el coche que me llevaba desde Manhattan a Connecticut lo que te diría, el acento, el tono, la mirada. Fue en agosto de 2007, y un par de meses después iba a empezar a rodar una película, *Elegy,* basada en una de tus obras, *El animal moribundo.* Te habías negado a leer el guion («Los escritores de Hollywood son rameras a las que se paga para que te limpien los mocos», me dijiste más tarde) y exigías que el director de la película fuera a tu casa de Litchfield County para contarte en primera persona qué iba a hacer con el libro. Los productores, alarmados porque la producción peligraba si él me vetaba, me habían enviado en un avión privado desde Los Ángeles hasta Nueva York para que le convenciera. El piloto del avión había estado en la Guerra del Golfo, y durante el vuelo me enseñó una extraña maniobra de despiste muy popular, al parecer, en la aviación de guerra. Llegué a la puerta de tu casa, después de siete horas de vuelo con un pirado y casi tres horas de coche. Me condujeron a tu estudio, un establo restaurado imponente al lado de la mansión principal. No te levantaste, me dabas la espalda. Me indicaste, sin mirarme, que me sentara ante ti, al otro lado de la mesa de tu despacho, estabas escribiendo algo. Cuando levantaste la mirada, no pudiste ocultar tu sorpresa. Dijiste «¡¿Eres la ayudante del director?!». «Soy el director». «¿De dónde eres?». «De Barcelona». «¿Has leído mis libros?». «Todos, algunos dos veces. Bueno, *American Pastoral* dos veces, es una obra maestra». «Hummmm... ¿y por qué, por qué crees que es una obra maestra?». «Porque eres el único escritor americano que, desde mi punto de vista, ha conseguido capturar la esencia y las contradicciones no solo del sueño americano, sino de la inocencia, la inocencia infantil y maligna con que los americanos veis el mundo y os apoderáis de él». Sí, te lo confieso, lo había ensayado porque ya tus agentes me habían dicho que no escatimara los elogios hacia tus libros y que no se me ocurriera alabar a otro escritor que no fueras tú en tu presencia. Pero sentía de verdad lo que había dicho. Pareciste satisfecho con mi respuesta, te levantaste y me estrechaste la mano. Yo miraba el pelo que te salía de las orejas para recordarme que eras mortal. Los tres días que siguieron los recuerdo entre una especie de niebla, parecida a la que cada mañana descubría las colinas que rodeaban tu casa. Me leíste tu libro. Tres veces. Te parabas en algún párrafo que te gustaba especialmente y me decías: «¿No es esto magnífico?». Yo asentía: las primeras veces con sinceridad, después mecánicamente, pensando en cuándo llegaría la hora de comer o en cuándo íbamos a hablar de la película. Siempre te detenías en la escena cuando Consuela, la protagonista de *El animal moribundo*, le mordía la polla al profesor Kepesh. Hacías un ruido extraño con los dientes, me mirabas como esperando que me escandalizara. Me preguntabas cómo iba a rodar esa escena. Yo sonreía con firmeza diciendo que esa escena no iba a estar en la película porque nadie quiere ver un primer plano de unos dientes mordiendo una polla. Gruñías, maldecías a Hollywood, seguías leyendo. El tercer día quisiste que saliéramos a pasear, me preguntaste por mi escritor favorito, sabía que no podía mencionar a tus contemporáneos, así que dije: Cervantes. «Daría un brazo por escribir como él», dijiste. «Bueno, él también lo dió», dije. Te reíste. Nunca hablamos de la película, pero no pusiste ningún problema a que yo la dirigiera. No te volví a ver, pero un día, en mitad del rodaje, recibí una llamada tuya. «¿Has puesto en la película la escena de la mordedura?». «Eres incorregible señor Roth, ¡por supuesto que no!».

LA BAGUETE

Una de las cosas más ingeniosas que he escuchado últimamente es un comentario de la comediante Blanche Gardin. Cuando le preguntaron sobre la polémica acerca de la conveniencia o no de separar al autor de la obra (en los casos de Polanski o Woody Allen), Blanche repuso: «Claro que hay que separar al hombre de la obra, ¿acaso no separamos al panadero de la baguette?». El comentario, dicho en la entrega de los últimos premios César, fue aplaudido y abucheado a partes iguales y fue lo más comentado de la ceremonia, probablemente porque nos pone delante de las narices algo que preferiríamos ignorar: que muchas de las personas cuyas obras admiramos tienen conductas nada admirables. En Francia, la salida del filme de Polanski *J'accuse,* sobre el *affaire* Dreyfus, ha sido acogido con la misma ambivalencia con que se han acogido sus últimas películas con un agravante: una nueva acusación de violación por parte de Valentine Monnier, una mujer que ha denunciado en la prensa que Roman Polanski la violó en 1975. Sus declaraciones, que han coincidido con el estreno del filme, son plausibles, hay personas a las que confió los hechos en ese momento y que le aconsejaron el silencio, pero difícilmente probables. Philippe Lançon, el autor de *El colgajo,* se pregunta en *Charlie Hebdo* si el Polanski de hace cuarenta años es el hombre de hoy y si tenemos derecho a juzgarlo por crímenes que teóricamente han prescrito, cuando incluso su primera y declarada víctima le ha perdonado. Hay críticos y espectadores que lo aplauden sin ambages, otros critican justamente la elección del tema y la pretensión de Polanski de equipararse con un hombre cuyo único crimen fue ser judío en un estamento antisemita. Muchos han boicoteado el filme, interrumpiendo incluso algunas de sus proyecciones en cines de París. La productora de la película ha anulado todas las actividades promocionales de los actores. Pero el filme sigue ahí y se estrenará en otros países, probablemente con la misma polémica, que ya empezó cuando el film se presentó en el Festival de Venecia. ¿Cómo conciliar la admiración por el cineasta de la repulsión por los hechos de los que se le acusa? ¿Cómo ignorar la desfachatez en su elección del *affaire* Dreifus como tema cuando es un hecho que nada tiene que ver con su problemática? ¿Cómo olvidar el terrible pasado de su familia en el Holocausto y el espantoso asesinato de su primera mujer? ¿Es un eximente, como él mismo ha dicho, que una mujer a los catorce años ya «puede ser muy madura»? ¿Esta nueva acusación de Valentine Monnier obedece a una maniobra con el fin de arruinar la carrera del fime *J'accuse* o a un legítimo deseo de denuncia por parte de alguien que ha vivido durante muchos años con un dolor impensable? Cada vez habrá más casos, más denuncias, más polémica, menos certezas, más dudas. Al final, uno tiende a creer lo que más le conviene. Sobre todo, si nos gusta la baguete.

LA ENGAÑOSA DULZURA DE STELLA GIBBONS

Mientras ruedo una película procuro siempre leer libros que me sitúen en la época o el paisaje emocional donde transcurre la trama de la película que ruedo. Ahora mismo, en Irlanda del Norte, donde trabajo en *La librería*, basada en la novela de Penelope Fitzgerald del mismo nombre, después de leerme la documentada biografía de la autora, escrita por Hermione Lee, acabo de terminar un libro de Stella Gibbons que transcurre en el mismo mundo de la obra de Fitzgerald. *La hija de Robert Poste (Cold Comfort Farm)* me había gustado mucho y esperaba impaciente una nueva traducción de esta autora que, como Penelope Fitzgerald, está siendo rescatada en España por la editorial Impedimenta. *Bassett* se sitúa en el mismo medio rural de *La hija de Robert Poste* y, como esta, la narradora adopta un tono delicado, gracioso, distante, suavemente irónico. A primera vista, uno podría imaginar a la autora escribiendo con manoplas de ganchillo, una tetera humeante ante ella, cubierta con un cubreteteras de felpa, tazas de porcelana floreada con delicadas servilletas de lino, en un invernadero donde los rododendros trepan por las paredes de cristal. Y sin, embargo, bajo ese amable mundo, donde parece que la única preocupación existencial es organizar partidas de bádminton o pícnics para avistar tejones, se esconde una dolorosa y punzante historia de amor y desclasamiento que consigue no solo atraparte, sino emocionarte profundamente. Bassett es el nombre de un pequeño pueblo a pocas millas de Reading, donde transcurren dos historias paralelas que confluyen en la lujosa mansión donde habitan dos hermanos, George y Bell, con su madre. George y Bell viven fusionalmente una vida despreocupada y ociosa, ocasionalmente interrumpida por grandes fiestas que organizan con todo esmero, que sirven para unirles aún más: tras ellas, pueden pasar días enteros criticando a sus invitados y sintiéndose superiores a ellos. Se tienen el uno al otro y se protegen mutuamente de los avances de sus respectivos pretendientes. George seduce a chicas continuamente y las descarta con rapidez en cuanto se enamoran de él. Bell no está interesada en el mundo masculino y solo parece interesarse por subir montañas y organizar viajes. Su madre, de origen alemán, ve con preocupación cómo sus hijos viven en un mundo propio cada vez más cerrado. A la mansión familiar, para trabajar como dama de compañía de la madre, llega Quennie, una joven cuyos padres son de ideología comunista y que ha crecido creyendo en valores a años luz de los de George y Bell. Cuando Queenie entra en contacto con el mundo bullicioso de los hermanos, siente una fascinación absoluta por él. George decide seducirla y ella se resiste con vigor. La madre de George le advierte de que no haga con Queenie lo que ha hecho con otras chicas. Pero el enamoramiento de George y Queenie es inevitable, así como el ambiguo papel de Bell ante lo que ella ve como un capricho pasajero de su hermano y está descrito con un sutil erotismo que resulta mil veces más sensual que toda la obra de la autora de las sombras de Grey. La pasión que se desata entre ellos tiene todos los elementos de un gran romance, y el despertar de Queenie a la vida de los sentimientos es un prodigio de observación. Hacía tiempo que una novela no me transportaba con tanta fuerza a ese momento sublime de la cristalización del amor. Hay muchísimas más cosas en Bassett, pero me niego a desvelarlas. La noche que terminé la novela en mi cama de este pequeño hotel en un pueblo no mucho más grande que Bassett, Queenie, George, Bell y las señoras de La Torre (otra de las historias de Bassett) me hicieron olvidar la tormenta que golpeaba con furia los cristales y las fatigas que me esperaban al día siguiente.

POLÍTICA

Leer el libro de Michael Wolff sobre Trump es, además de morbosamente entretenido, un ejercicio más para comprender la insania de los que nos gobiernan. El problema es que nos lleva a un desagradable descubrimiento: los que votaron a ese tipo seguramente no verán como preocupante el inagotable chorro de estupideces y conductas bochornosas de los que hace gala. ¿Qué problema hay en que se jacte de cosas que no ha conseguido, que no tenga ni zorra idea de los más básicos mecanismos de un comportamiento decente, que sea ignorante hasta decir basta, que meta la pata continuamente con dirigentes extranjeros, que cene cada día McDonald's, que sea lerdo, tonto de baba, mentiroso, infantil, rastrero, mezquino, envidioso, cobarde?

¿Qué problema hay en que vaya a dejar el mundo como un lugar mucho peor de cómo lo encontró? Sus votantes seguramente seguirán riéndole las gracias y haciendo caso omiso, como una pandilla de borrachos conduciendo un camión sin frenos por una autopista, de los bocinazos de los conductores que les avisan que van en dirección contraria.

Pero tipos con los rasgos de Trump en el poder están en todas partes. Sin ir más lejos, podemos apreciar esa estupidez, esa ceguera y esa cerrazón en muchos de nuestros políticos, de los del Gobierno Central y de los de los Gobiernos autonómicos o lo que sea. Tras la nevada del final de las fiestas navideñas que dejó en la carretera cerca de 18 horas a mucha gente, ver al Director General de Tráfico en un partido de fútbol y muy posteriormente salir a dar vagas explicaciones en las que primaba el ¿por qué no se quedaron en sus casas? a cualquier explicación de por qué se dejó a niños y camiones tirados en una situación penosa, pero que hubiera tenido solución si la DGT hubiera actualizado las informaciones que poseía y hubiera advertido literalmente que, sin cadenas, no saliera ni un coche a la carretera, producía un sonrojo solo paralelo al que me producían los portavoces de los demás partidos cebándose con el director de la DGT y no haciendo una crítica serena de cómo podía haberse hecho la situación más llevable para las familias en la carretera. Todo me remite a peleas de patio de colegio donde nunca se discutía realmente sobre quién ganaba a las canicas, sino, literalmente, quién gritaba más, empujaba más, la tenía más larga. Siento la misma sensación al ver las luchas interminables entre los partidos políticos tras las elecciones catalanas: como si a ninguno le importara ni tuviera la más remota idea de qué va a ser de nosotros, cómo vamos a salir de esta, cómo vamos a cerrar las heridas abiertas, hacer que vuelvan las empresas, reestructurar la sanidad, la educación, la vivienda, que Catalunya no sea esta especie de no-lugar en el que se está convirtiendo donde priman los discursos y el victimismo y los insultos y la negación de la realidad. Seguimos aquí, en este eterno patio del que no salimos, como si nos hubieran castigado a jugar a las canicas eternamente y a pelearnos por chorradas, mientras cada vez más rápido, el colegio se hunde.

LA CULPA LA TIENE RIMBAUD

Hay momentos en la historia en los que es tremendamente difícil saber dónde se está, qué es lo que se piensa y cuáles son las razones que nos llevan a ello. Cada día las noticias del *procés* y sus derivados me dejan atónita, sin palabras y, a estas alturas, sin energía para entender qué les pasa por la cabeza a los procesistas. Es como que lo que creía equivocadamente como una inagotable reserva de empatía, respeto y simpatía se me ha terminado. El poeta Jean Arthur Rimbaud, cuando salió de su pueblo natal para ir a París a luchar en La Comuna, escribió un gran poema, «Le coeur volé», donde habla con una belleza salvaje y arrebatadora del estupor que le produjeron los revolucionarios rufianescos y la decepción que sintió en lo más hondo ante una revolución que en nada se parecía a la revuelta que él se había imaginado: la realidad vertió sobre su corazón calderos de sopa agria, y el adolescente Rimbaud entró de repente en la edad adulta con sus medias verdades y su hipocresía. Ese poema y todos los de *Una estación en el infierno* marcaron mi adolescencia, mostrándome el lado oscuro y ruin de las grandes palabras y haciéndome desconfiar de los demagogos que se llenan la boca de ellas. Para resumir, gracias a Rimbaud soy alérgica a las consignas, los mítines, los discursos y las marchas, y he desarrollado una notable aversión por los grupos de más de tres personas discutiendo. Si me apuras, no me gusta ni discutir con una persona. Vamos, que no me gusta discutir. Mirando estos días a la ingente cantidad de gente que decidió pasar el puente de la Constitución, yéndose a Bruselas a ciscarse en ella y a los grupos que, como si no hubiera un mañana, se presentaron en la puerta del Museo Diocesano a defender aguerridamente la salida de las obras de Sijena hacia Huesca, no puedo dejar de pensar que yo debo estar muy mal de la cabeza porque soy absolutamente incapaz de entender tanto fervor por el autonominado «*president* en el exilio» y esa repentina pasión por el arte románico que han desarrollado sus partidarios. Leo una y otra vez lo que el señor Puigdemont dice sobre las obras que vendieron unas monjitas que se vinieron arriba y pienso: «Este hombre no está bien», veo que en el *Telenotícies* de TV3 repiten hasta cuatro veces el término «expolio» en los quince minutos (¡cinco minutos más que al Barça!) que le dedican al tema y pienso: «Esto no es normal».

A veces pienso que el *procés* no es más que una conspiración para volverme tarumba, que es imposible que Puigdemont piense de verdad lo que tuitea, que no puede ser que los alcaldes de los pueblos de Catalunya no tengan nada que hacer en sus hábitats naturales, que estos últimos años han sido tan solo un experimento entre cutre y sofisticado de algún científico sin escrúpulos para llevar al límite la resistencia y la paciencia humana. Al menos, la mía.

Y para acabarlo de rematar, ni siquiera he empezado a hacer las compras de Navidad, y este año la comida del 25 es en mi casa.

PESADILLA ANTES DE NAVIDAD

Faltan muy pocos días para las elecciones del 21 de diciembre en Catalunya y a estas alturas nadie tiene ni idea de cuál va a ser el resultado. Los folletos de las formaciones que concurren a ellas llenan los buzones de la gente de mi barrio, Gràcia, uno de los más antiguos y tradicionales de Barcelona, justo en el centro de la ciudad, a apenas 300 metros de La Pedrera de Gaudí, quizá el monumento más visitado por los turistas. Las seis formaciones políticas pueden dividirse *grosso modo* en dos grupos: los que defienden una Catalunya independiente y los que no. Los folletos de los primeros (PdeCat, Esquerra Republicana, CUP) destilan orgullo herido y hablan básicamente de los políticos que llevan semanas en la cárcel: «llenemos las urnas de votos para vaciar la cárcel de inocentes». Además de la revocación del artículo 155, la propaganda política de estos partidos no da demasiadas pistas sobre cuál es el tipo de sociedad que defienden, más allá de la catalanidad de la misma. Y esa «catalanidad» ya existe desde hace más de veinte años: las escuelas, las universidades, los rótulos de las calles, los documentos oficiales, la televisión y la radio públicas, las multas, los juicios, hasta los menús de los restaurantes y los prospectos de las medicinas son en catalán. Y el grado de autonomía con una policía propia, un presidente y un parlamento propio es tan alto como cualquier Estado federal de Europa.

Los folletos de los segundos (PSC, Ciudadanos y PP) prometen reanudar el diálogo con España, empezar a convencer a la cantidad ingente de empresas que se han ido de que vuelvan y acabar este período negro que se inició hace seis años en el momento en que Artur Mas, el antiguo presidente de la Generalitat (y el que posteriormente puso a dedo a Puigdemont) decidió el giro de 180 grados hacia la independencia cuando el cerco a la corrupción en Catalunya empezaba a cerrarse sobre la saga Pujol y sobre él mismo. El contenido de los folletos de los no independentistas tampoco es un dechado de propuestas sociales novedosas. Las cuestiones patrióticas han eliminado cualquier debate serio sobre problemas reales, cuyas vías de solución parecen hoy más lejanas que nunca.

Salgo a la calle, como cada día desde hace meses, con cierta prevención. Durante los días posteriores al fallido referéndum del 1 de octubre, fui repetidamente insultada con gritos de «fascista» por partidarios de la independencia a la que yo públicamente me he opuesto. Los ánimos en esas semanas estaban muy caldeados, alimentados por la estúpida intervención del gobierno central que puso el perfecto combustible para ese cohete a ninguna parte que es el independentismo: el victimismo. Había manifestaciones cada día, huelgas, rumores, vídeos de todo tipo, caceroladas. Hoy todo parece mucho más calmado, aunque las banderas —catalanas, esteladas, españolas, comunitarias— siguen colgando de los balcones, mezclándose ahora con decoraciones navideñas, abetos con luces y hasta figuras de Santa Claus reptando por las fachadas. Gràcia es un barrio de pequeños comerciantes donde conviven emigrantes pakistaníes, colombianos, chinos con estudiantes de Erasmus de toda Europa y ancianos que nacieron en todos los rincones de España y que se consideran de aquí. Los colombianos están tratando de volver a sus países, temen lo que pueda pasar después del 21 y no entienden qué ha pasado para que hayamos llegado hasta aquí. Cuando me preguntan, el único consuelo que puedo ofrecerles es que yo tampoco lo entiendo. Y dudo que, en los próximos decenios, ni tan siquiera el mejor equipo del mundo de politólogos, historiadores, sociólogos y economistas pueda ofrecer una explicación coherente a estos últimos seis años de *procés*.

A veces, tomando café en las soleadas terrazas de la Plaza Vila de Gràcia, me cruzo con amigos que me saludan brevemente, leo en sus caras que, de haberme visto antes, hubieran cambiado de acera: nos separa la independencia, yo no creo que sea una buena idea, ellos sí. Intercambiamos una mirada furtiva, un leve movimiento de cabeza. Ni una palabra. Antes, mi actitud cuando me hablaban de la independencia era la misma que cuando me hablaban de sus nuevos novios o novias que claramente, desde mi punto de vista, eran las personas menos adecuadas para ellos: un respetuoso y ambiguo silencio. Desde que decidí no callarme, además de sufrir el linchamiento salvaje en las redes y los insultos, he perdido amigos. Pero he ganado en una cierta tranquilidad de espíritu Y de todas maneras, sigo pensando que sus nuevas parejas son tóxicas y no les convienen.

Hoy he quedado para desayunar con Nader, un amigo cuya sola genealogía reúne parte de la historia del mundo en los últimos cincuenta años: padre palestino, madre del País Vasco. Su familia tuvo que huir de Palestina a Bilbao en la peor época de la violencia allí, los años ochenta y de allí a Barcelona. Hoy, como yo, como muchos otros, se plantea huir otra vez, pero ¿adónde?, le digo, ¿adónde? Esperemos a ver qué sale el 21. «¿Y si sale lo mismo, que la mitad quieren separarse de España y la otra no?». «Bueno», le digo, «al menos convendrás conmigo que este año la tradicional comida de navidad en las familias catalanas va a ser muy, pero que muy entretenida.

EN PIJAMA (SOBRE EL ACOSO)

Últimamente utilizaría la contestación de Bartleby, el escribiente, como respuesta comodín cuando me preguntan qué pienso sobre el acoso en Hollywood, las actrices vestidas de negro en los globos, los manifiestos de Catherine Deneuve y cía y los contramanifiestos al manifiesto de Catherine: preferiría no hacerlo, o sea, no opinar. No porque no quiera mojarme, sino porque, honestamente, no sé qué pensar de todo esto. O lo que pienso, una vez más, me coloca en una posición incómoda. De entrada, la verdad, es que el tema no me parece de la relevancia que la prensa mundial parece prestarle: hablo de la declaración de Hollywood, no del tema del acoso. Periódicamente las estrellas del cine deciden sumarse a algo que las hace sentirse que utilizan su fama para una buena causa. Hace tres años todas se fotografiaban con un cartel de «Bring back our girls» reclamando la puesta en libertad de las niñas que secuestró Boko Haram.

Hoy es el #MeToo, y de las niñas de Boko Haram, si te he visto, no me acuerdo. Por otro lado, cualquier víctima, venga de donde venga, que haga que, aunque sea una docena de tipos, decidan mantener las manos en los bolsillos antes de extenderlas hacia un cuerpo que no las ha reclamado o que haga que muchos hombres se replanteen su conducta o hagan simplemente el esfuerzo en ponerse en la piel de una mujer, me parece saludable. ¿Qué es, pues, lo que me impide abrazar con entusiasmo y sin ambages el ##MeToo? Quizás es un tema generacional: las mujeres de mi generación, para conseguir cualquier cosa, hemos tenido que ir de duras, de fuertes de «yo no soy feminista porque yo lo valgo», evitando como la peste el colocarnos en la posición de víctimas. Y hemos sorteado avances, ataques, insultos y burlas, apretando los dientes y pretendiendo que todo eso no iba con nosotras, aunque lo fuera. Hemos querido desesperadamente encajar, ser una más, más veces de las que se puedan contar, que éramos una más del club de chicos, nos hemos reído con los chistes machistas, hemos hecho la vista gorda ante conductas vergonzosas. De alguna manera teníamos que sobrevivir.

Recuerdo como si fuera hoy la primera vez que dirigí un anuncio. El cliente llegó a mitad de rodaje, sabiendo perfectamente que yo era quien dirigía, y, en medio del plató, con gritos

dijo: «¿Y quién es el director? No lo veo». Hice de tripas corazón, roja como un tomate, y acercándome le dije: «Soy yo».
Me miró de arriba abajo dijo: «Ah». Y se fue a sentar detrás del
monitor. Yo seguí rodando como si tal cosa. Y, solo cuando llegué a casa, me invadió una oleada de vergüenza e ira, y tuve
muy claro que, si quería seguir en eso, pasaría muchas veces
por situaciones así y que más valía que me preparara. Desde
ese rodaje, hace treinta años, he pasado por todo: a las neurosis
propias de todos los directores de cine del mundo, las mujeres
añadimos una carga extra, la de estar en un terreno no concebido para nosotras en ningún sentido. Para empezar, las cámaras y todos sus accesorios están pensadas por y para hombres.
Si, como es mi caso, operas la cámara, te das cuenta de que tener pecho es un hándicap y, muchas veces, como las chicas que
se sienten chicos, he tenido que vendármelo para poder hacer
más cómodamente mi trabajo. Luego está el tema de la auto-
ridad. ¿Cuántas veces he fingido un enfado que no sentía para
conseguir algo porque con buenas palabras nadie me hacía ni
puto caso? Hablo desde pedir un café hasta reclamar que mo-
vieran una pared del decorado o insistir cien veces en una de-
terminada localización porque era allí precisamente donde yo
quería rodar y dónde yo veía la secuencia. El problema es que
las mujeres llegamos a la dirección con un agotamiento extra,
que muchas veces, como ya tenemos un callo muy grande ni
siquiera atribuimos al hecho de que somos mujeres. Siempre
me hacen sonreír los encuentros con jóvenes cineastas que insisten, con los ojos muy abiertos, que ellas nunca han tenido
un problema por el hecho de ser mujeres: yo también he estado ahí, en esa negación, en ese «yo soy un chico más». Y me
ha costado años admitir que sí, que las cosas para mí han sido
mil veces más difíciles, que las críticas han sido mil veces más
viles, que todo me ha costado mucho, muchísimo, mientras
me pagaban mucho, muchísimo menos que a colegas hombres
con la décima parte de experiencia que yo. Que a ningún cineasta hombre le preguntan qué hace con sus hijos cuando se

va a rodar o le discuten si una vez cumplidos los cincuenta ya no podrá hacer películas para gente joven o le lanzan a la cara con sorna «lo prolífico» que es. A ninguno. Y tampoco nadie les reprocha que hagan películas masculinas, mientras que las mujeres cineastas en cada película tenemos que defender el derecho a contar historias donde hay seres humanos que se hacen su propia cama, que es para mí el auténtico test de Bechdel con el que se sabe si el director de una película es hombre o mujer, porque en las películas escritas y dirigidas por hombres a ningún personaje se lee ocurre hacer la cena.

Así que cuando se habla con retintín (también por parte de muchas mujeres) de la discriminación positiva y las cuotas, se me ocurre que una buena manera de llamarlas sería reparación histórica: durante milenios lo hemos tenido mucho más difícil, las cuotas ayudarán a corregir esta desigualdad. Y me provoca hilaridad el argumento de que favoreciendo a las mujeres se favorece también a muchas cineastas mediocres, ¡como si el campo de los hombres estuviera trufado de genios!

Ahora que se acerca la entrega de los premios Goya, a mí se me había ocurrido una manera divertida de llamar la atención sobre la desigualdad, el acoso, las diferencias de sueldos y, por qué no, la tiranía de la alfombra roja que obliga a las mujeres a ponerse vestidos largos mientras hacen equilibrios en tacones imposibles: ir todas en pijama y zapatillas y sin maquillar, que me parce un poco menos hipócrita que ir de negro con un modelazo prestado de diez mil euros de Gucci.

Mi propuesta fue acogida primero con risas nerviosas («no lo dirás en serio») y luego con un elocuente silencio. Yo insistía: «¡Sería viral! ¡Se hablaría en todo el mundo!». Pero ni por esas, salvo a dos locas más como yo, no convencí a nadie. Así que los telespectadores de los Goya de este año se perderán el espectáculo de verme con mi pijama de Hello Kitty y mis zapatillas de unicornios. Hasta las reivindicaciones tienen un límite cuando se trata de ir con vestido largo y taconazos...

LAS RANAS

Es enero y escribo esto en una zona rural reseca donde hace semanas que no llueve y puedes sentarte en el exterior y escribir tranquilamente al sol, cuando el año pasado este mismo día nevó aquí mismo, y de la silla donde estoy sentada apenas se veía el respaldo, cubierta como estaba por un manto blanco. Que los vaivenes del tiempo y sus causas no sean la principal preocupación de los gobiernos y los ciudadanos del primer mundo nunca dejará de sorprenderme. Ya asumo que en el tercer mundo están demasiado ocupados en huir de guerras, hambrunas y catástrofes para ocuparse del tema, máxime cuando es la responsabilidad del primer mundo, sus necesidades superfluas, su egocentrismo atroz el que está causando este brutal desequilibrio, este cambio climático, cuyas consecuencias tenemos delante de los ojos sin que hagamos más que vanos y modestos intentos por afrontarlo. Siempre me resultó curiosa la frase «La naturaleza es sabia», máxime cuando va acompañada de la apostilla «el hombre, no». La naturaleza no necesita los avisos que decoran las cajetillas de tabaco con pulmones destrozados, fetos anémicos y corazones rotos: la naturaleza es su propia cajetilla. Las mimosas a destiempo. Los tsunamis. Los pantanos vacíos. Las yemas de los almendros muertas antes de tiempo. Los osos famélicos. Los pedazos de hielo perdidos. El calor inaudito de diciembre. Las nevadas brutales. Todas son señales fáciles de ver, entender y descifrar. Pero con la misma estúpida temeridad que nos hace pensar que llegaremos a los cien años sin sufrir y sin pisar un hospital, así evitamos enfrentarnos al crimen que estamos cometiendo con el único planeta al que podemos llamar hogar. Es realmente inaudito que en España no exista un partido ecologista con un programa sólido que tenga como prioridad salvar las costas, los árboles, el aire, las montañas: conservar la vida. Cuando apareció Equo, me pareció por la trayectoria de sus fundadores que esa podía ser la opción, pero fue fagocitado por Podemos y nunca más se supo. Ha habido otros intentos y no han prosperado. Nunca entenderé por qué.

Paseo campo a través, las ramas secas crujen bajo mis pies. Hace calor y me sobra la gruesa chaqueta que llevo. ¿Quién iba a pensar que se podría pasear en manga corta en pleno enero? La carcasa de un pequeño jabalí yace en un campo de flores blancas. El sol hace brillar los colmillos. Llego a una laguna que el año pasado rebosaba agua, renacuajos, libélulas y hasta algún nenúfar silvestre despistado. Cada tarde de verano a eso de las siete de la tarde, indefectiblemente las ranas se ponen a cantar y se las oye desde casa: un coro que anuncia cada año la plenitud del estío, la efervescencia de abejas y moscas y avispas y lagartijas. Hoy solo es barro seco. Me pregunto qué escucharé este verano, dónde habrán ido todas esas ranas, por las que sentiré siempre una nostalgia indefinible.

ENSALADA DE DIENTE DE LEÓN

El diente de león es una hierba que crece salvaje en bosques y hasta cunetas en muchos lugares del mundo. Para hacer una ensalada, basta con mezclar la hierba con limón, sal, pimienta y aceite de oliva. El día que Martha Al Bishara, una mujer de 85 años, de origen sirio, residente en el estado americano de Georgia, quiso hacer una ensalada para su marido de 89 años, se encontró con que la planta que había enfrente de su casa se había secado. Salió al campo con un cuchillo de cocina y una bolsa de plástico, a ver si encontraba alguna planta fresca. Una hora después Martha Al Bishara se encontró rodeada de policías gritándole que soltara el cuchillo de cocina. Como no les entendía, dado que no había conseguido aprender inglés, los policías emplearon una pistola Taser que la tumbó en el suelo durante media hora, causándole una fuerte conmoción cerebral. Cuando se despertó estaba esposada en un coche de policía, camino de la comisaría para prestar declaración. El suceso ocurrió hace unos días en el estado americano de Georgia. Al parecer, los responsables de un club de campo vecino alertaron a la policía de la presencia de una anciana con un pañuelo en la cabeza de aire pacífico, que parecía perdida en el campo. Los policías se alarmaron al ver que la mujer iba «armada» y que hablaba un idioma «arábico». Esta desproporción entre la reacción policial y el objeto de sus desvelos no es nuevo en Estados Unidos, pero en este caso, cuando uno ve las imágenes de la anciana, que parece escapada de una fotografía de Cristina García Rodero, lo absurdo de la situación es todavía mayor. La familia de la mujer ha declarado que no pueden entender cómo cuatro policías no fueron capaces de reducir a la inofensiva mujer sin emplear la violencia.

En ese mismo estado, un chico negro que estaba pasando unos días en casa de un tío suyo que estaba de vacaciones, entró en la casa y no se acordó de desconectar la alarma. Cuando esta empezó a sonar, entró en pánico porque, siendo consciente de su color, estaba seguro que la policía entraría en la casa y le dispararía. Así que lo primero que hizo fue llamar a la policía para decirles quién era y que estaba legalmente en casa de un familiar, dándoles toda clase de detalles. Y, a pesar de eso, la policía entró en tromba en la casa, le tumbaron, le esposaron y le detuvieron. Pasó la noche en la comisaría, pero salió contento a la mañana siguiente. Contento de estar vivo.

Martha Al Bishara anda recuperándose de las lesiones infligidas por la policía a la espera del juicio que se celebrará proximamente. Juicio en el que se la acusará de ser un desastre para los idiomas, de andar cortando hierbas por el campo y de querer preparar una ensalada que es excelente para la digestión. Se la recomiendo.

LA VERDAD MÁS TRANSPARENTE

Cuando Hédi Fried, una superviviente de Austchwitz, fue invitada a un programa debate de televisión en Alemania y preguntó que con quién tendría que debatir, le contestaron que con un neonazi recién salido de la cárcel, que sostenía que el Holocausto y las cámaras de gas nunca existieron. El argumento del neonazi era que nadie había visto una cámara de gas por dentro. Hedi Fried repuso que nadie había podido describir una cámara de gas por dentro porque nadie había salido vivo de ellas y que no pensaba ir a ningún programa a debatir con ningún pirado.

El problema de muchos debates y programas de televisión o radio es que, en el momento en que los participantes se sientan en un terreno común, la audiencia legitima, de alguna manera, a todos los que en él participan. Y pienso que hay cosas que no pueden de ninguna manera ser legítimas. Los negacionistas del Holocausto, por ejemplo. En el libro *Questions I am Asked About the Holocaust,* Hedi Fried contesta a todas las preguntas que le han hecho sobre su vida, a raíz de la publicación de su autobiografía *The Road to Auschwitz: Fragments of a Life*. Las preguntas son las que todos nos hemos hecho alguna vez leyendo o viendo películas sobre ese fatídico período en la historia. Las preguntas van desde lo muy general («¿Qué recuerda de su llegada a Auschwitz?») hasta lo místico («¿Siguió creyendo en Dios?»), pasando por una pregunta que estoy convencida muchísimas mujeres se han hecho a menudo: ¿Qué pasaba cuando las mujeres internadas en los campos tenían su período? La autora contesta a todas las preguntas con una serenidad y una lucidez que solo una persona en paz consigo misma puede poseer. Cuando le preguntan si sintió miedo a morir, contesta que no. Que lo que le aterraba era la angustia de la incertidumbre. Describe esa angustia como un sonido chirriante constante en la parte de atrás de su cabeza, como si fuera un larguísimo preludio a un mazazo que nunca llegaba. Cada mañana se levantaba con la pregunta: ¿Llegaré viva a la noche? La estrategia nazi era causar todo el dolor posible, y ese dolor y sufrimiento e incertidumbre eran lo más temido.

Pero de todas las cuestiones planteadas en el libro la que a mí más me impresiona, por lo que tiene de tristemente contemporánea, es la que se refiere a los grupos neonazis que sostienen que nada de lo que pasó, pasó. Un día, la autora se encontró a unos jóvenes neonazis repartiendo folletos que decían que el Holocausto nunca ocurrió. Se acercó a ellos y les enseñó el número tatuado en el campo de concentración, A51972. Los chicos se rieron de ella y le dijeron que el número se lo podía haber tatuado ella misma. En un mundo en que se niega la verdad más transparente, ¿cómo podemos sobrevivir sin estar en un perenne estado de furia? Me lo pregunto mientras lleno la cafetera e intento respirar acompasadamente sin éxito.

UN CHISTE

Uno de los pasatiempos favoritos de Ronald Reagan durante sus mandatos como presidente de Estados Unidos era contar chistes ridiculizando a la Unión Soviética. Uno de ellos cuenta las andanzas de un americano en Moscú. El americano tiene un guía ruso que le enseña las maravillas de la ciudad, explicándole que le va a llevar al metro, el metro más bello del mundo, el metro con toneladas de mármol y obras de arte y bronce y lámparas venecianas de valor incalculable. Cuando están esperando en una de las estaciones, el americano dice: «Llevamos una hora esperando...», y el ruso no tarda en responderle furioso: «¿Y los negros en América?».

Últimamente tengo la sensación de que la política española y las opiniones sobre ella transcurren por derroteros parejos a las conversaciones entre un americano y un ruso durante la guerra fría. Siempre hay un tema que reprochar al otro, siempre hay algo que no está bien, aunque la conversación no vaya por ahí y los parámetros de lo que se estaba hablando son otros. No hay un proyecto común para hacer un país mejor, todo se queda en ofensas, insultos, descalificaciones: actitudes que oscilan, según sople el viento, entre la chulería y el victimismo.

Yo no creo que la política tenga que ser un juego de caballeros, soy consciente de que para sacar adelante un país hay que salir al barro y ensuciarse en muchas ocasiones. Pero es que nuestros políticos, en su triste mayoría, actúan como viudas aparentemente respetables, que ponen el grito en el cielo cuando ven a sus sobrinas ponerse un *short* demasiado corto pero que esconden secretos de alcoba inconfesables. Llega un momento en que las únicas personas que parecen dignas son las que dimiten, porque son las únicas que se atreven a admitir retazos de verdad. Las que dicen: creí en un proyecto y, por mucho que he querido defenderlo, alguien se ha encargado de cargárselo, esto no es por lo que yo había apostado en su momento. Los discursos de renuncia son, en ocasiones, más honestos que toda la trayectoria anterior del dimitido. Veo entonces cómo el líder de la formación a la que pertenecían ignora absolutamente lo sucedido y borra de un plumazo del organigrama de su partido a aquellos que hasta hace cinco minutos eran sus mejores bazas. Como si nunca hubieran existido, como si todos los congresos, reuniones, mítines e incluso la gestación del propio partido en la que los que renuncian tuvieron una parte muy activa nunca se hubieran producido. Hay solo un término que define esto y que es una de mis palabras favoritas del idioma español: desfachatez. Esa impune desfachatez que impregna como un manto de grasa la vida política.

Otro chiste que le gustaba contar a Reagan: Un americano le dice a un ruso: «En América somos tan libres que yo puedo ir a la Casa Blanca y decir "Abajo Ronald Reagan", y nadie me lo impedirá ni me meterán en la cárcel». El ruso le dice: «Pues en Rusia somos tan libres que yo puedo ir al Kremlin y decir "Abajo Ronald Reagan", y me darán una medalla».

TODO PERFECTO

Sé que a cada generación le toca su cruz y que soy tremendamente afortunada de que no me haya tocado ser albina en Nigeria ahora mismo, judía en Múnich en 1939 o negra en Atlanta en 1958. O negra en general en la América de hoy en día. Sí, soy consciente de que hay miles de cosas horrorosas en el mundo de las que he escapado por pura chiripa del azar, de lo cual no cesaré nunca de dar vivas al universo.

Pero lo que ocurre en Catalunya es un fenómeno que no sé si tiene parangón en ningún lugar del mundo. Un fenómeno único en Europa, qué digo, un fenómeno único en el globo terráqueo, en el planeta, en el universo. Sé que ustedes estarán pensando, tate, ya está esta individua con sus aburridas ideas equidistantes, botifleras, unionistas, españolistas. Ya está sentando cátedra sobre nuestro ínclito «Presidentorra» (según la definición del gran Albert Solé) y su extraordinaria capacidad de azuzar y apalear al mismo colectivo simultáneamente, como si se tratara de Keanu Reeves en *Matrix*. O sobre los CDR y sus fascinantes conatos artísticos inspirados en los ancestrales ritos hindús que tanto han triunfado en los spots de Kodak. O sobre el incansable victimismo que, pase lo que pase, vayan las cosas bien, mal, regular o de puta madre, es el *mindset* (ya saben que si yo no suelto un palabro inglés no estoy tranquila) eterno del colectivo «indepe». Tampoco me refiero a esa alucinante muestra artística que ocupa en este momento un centro de arte público donde cincuenta heroicos artistas, que espero obtengan todas las *creus* de Sant Jordi habidas y por haber y hasta alguna botella de ratafía autografiada por el mismísimo «Presidentorra», han tuneado cincuenta hermosas urnas chinas que sobraron del referéndum *(vintage*, vaya), cedidas por el no menos heroico Comité de Salvación (¡o es Redención, o Compasión?) nacional de la Catalunya Nord. No, mi asombro no está motivado por las toneladas de plástico amarillo que inundan los edificios públicos y que todos los sufridos catalanes, querámoslo o no, pagamos con nuestros impuestos, ni por la cantidad de colectivos que dedican sus fines de semana a atar minuciosamente, cualquier poste, valla, barrera, árbol, cruz o lo que se les ponga por delante con los susodichos lazos. Ni por la virulencia, el odio, la mala hostia y el asco con que esos mismos colectivos, inundados de sonrisas y

bonhomía e inspirados por Martin Luther King, Nelson Mandela, la Madre Teresa de Calcuta y, en momentos de debilidad, me
imagino que Freddy Krueger, se dedican a insultar implacable-
mente, en la calle, en la prensa, en las redes, y donde se tercie,
a todos los incautos que, como yo, nos atrevemos a decir, con
toda la educación que somos capaces (aunque algunos ya estamos agotando las reservas de ella) que ya estamos hasta el moño
de su idea del mundo.

Yo de lo que quería hablar era de algo mucho más importante
y desesperante. Me refiero a la pesadilla de los mosquitos tigre.
Catalunya no solo es el lugar de Europa donde más ha prolifera-
do este cargante y peligroso insecto, sino que es la única zona
de España donde los científicos han descubierto que los bichos
utilizan sistemáticamente el automóvil y hasta los autocares y
trenes para extender su abyecta invasión.

Por lo demás, todo perfecto.

UNICORNIOS

Algo que les preguntan a menudo a los niños de este país en el
que me hallo, Estados Unidos, es qué harían si fueran presiden-
tes. Las respuestas, como es previsible, giran en torno a helados
para desayunar gratis en los colegios, cría de unicornios por doquier, fiestas de pijamas cada noche, abolición de los deberes y
también la abrumadora mayoría de entre ellos dicen que elimi-
narían la pobreza, el hambre, la injusticia y cuidarían el planeta.
Leyendo las prioridades de estos niños de hoy, se me ocurre que,
en resumen, sus programas electorales tienen muchísimo más
sentido que el conjunto de programas electorales de todos los
partidos que en el mundo son y han sido, y, desde luego, cualquiera de estos niños, hasta los más inocentes, me parecen mucho más cualificados para gobernar el país y el mundo que los que
Trump, Duterte, Maduro, Erdoğan y Kim Jong-un, cuyo máxi-
mo objetivo, a tenor de las consecuencias de sus comportamien-

tos, es que el planeta y todos nosotros nos vayamos al cuerno. Yo también me pregunto muchas veces quién debería mandar en el mundo. Y así me respondo: el mundo lo deberían gobernar las mujeres de la limpieza de los hoteles, esas que cada día lidian con el desastre que dejamos detrás, sin rechistar y con una sonrisa. El mundo lo deberían gobernar las madres de familia numerosa, que hacen equilibrios con presupuestos ridículos y alimentan, visten, limpian y cuidan de niños en permanente estado de excitación. El mundo lo deberían gobernar las mujeres que caminan cada día cuarenta kilómetros en zapatillas desgastadas para conseguir un poco de agua para sus familias. Las mujeres y hombres que cuidan a sus hijos solos. Los pescadores que ven cada día cómo la pesca disminuye y se preguntan qué hacer. Los que miden el calentamiento global en el Ártico. Los ciegos, los sordos, los que tienen cualquier tipo de discapacidad que les hace proclives a agudizar los sentidos, a empatizar con el dolor ajeno. Los enfermos de ELA. Los que vienen en patera, huyendo del hambre, de la guerra, de la injusticia. El mundo lo deberían gobernar las personas apasionadas pero no fanáticas. Los visionarios benevolentes, los tranquilos, los no ambiciosos, los que no dan importancia al dinero, los que carecen de vanidad, los estoicos, los ateos, los que poseen coraje sin bravuconería, los empáticos, los que saben escuchar, los que poseen toneladas de conocimientos pero evitan dar lecciones y sermones cada dos minutos. Los que consideran el poder como una herramienta temporal para hacer las cosas lo mejor que saben y luego dedicarse a otra cosa. Y aunque todos los politólogos del planeta se pongan de acuerdo para tildarme de ilusa y naíf, nadie me quitará de la cabeza que solo un mundo donde las personas que cumplan los requisitos que he mencionado tengan el poder puede salvarse de la extinción.

Estoy dispuesta a vivir en un mundo donde gobiernen niñas y niños de siete años, siempre que me dejen tomar helado para desayunar. Y colarme en la fila para jugar con los unicornios.

54

No sé por qué me detuve en la noticia, pero algo en la cifra me llamó la atención. 54 personas sin hogar murieron el año pasado en Barcelona, 16 en la calle, las otras después de estar en el hospital por enfermedades derivadas de vivir sin hogar: frío, desnutrición, dolencias graves no detectadas, soledad, aislamiento. Los más jóvenes se llamaban Bambo, Mihai y Kristov, tenían 31 años; el mayor, Severo, tenía 84. La mayoría estaban en la cincuentena. Desde el 2016 han muerto solo en la ciudad 208 personas. En España, según Cáritas hay 40.000 personas que duermen al raso. No parece una gran cifra si los comparamos con los 59.000 homeless de la ciudad de Los Ángeles. O los 63.000 de Nueva York. Cifras que, a primera vista, parecen manejables, insignificantes, incluso, si las comparamos con los millones de personas en el mundo que padecen hambre y miseria. Cifras que nos podrían hacer pensar que es un problema endémico pero manejable. Es nuestra actitud hacia esa comunidad que vive entre nosotros, a tan solo unos metros de donde paseamos o dormimos, lo que es revelador. A veces, al verlos, nos decimos que para atenderles ya están los servicios sociales, las instituciones, las asociaciones solidarias. Muchas veces, a la hora de echar una mano, nos vamos a fijar en países y comunidades remotas, como si los que necesitan ayuda cerca de nosotros nos molestaran, su dolor demasiado visible, demasiado palpable. Preferimos enviar dinero en sobres satinados con caras de niños sonrientes, a miles de kilómetros, que detenernos un momento a devolverle el saludo a la mujer de pelo revuelto y dientes escasos que duerme en el cajero automático al lado de nuestra casa. Nos resulta difícil saludarles, mirarles a la cara, reconocerles como nuestros semejantes. A menudo, estos hombres y mujeres que arrastran sus escasas pertenencias en un carrito desvencijado lleno de mugre nos aterran. Los miramos de reojo, y por un momento albergamos la terrible fantasía de que somos ellos, que nos cubrimos con cartones para combatir el frío y de plásticos para combatir la lluvia. Que luchamos cada día contra la locura, la soledad, la indiferencia, la incertidumbre de no saber dónde dormiremos hoy y mañana y pasado, qué comeremos, dónde iremos al baño. Y en esos instantes medimos la escasa distancia que nos separa de ellos, lo fácil que puede derrumbarse nuestra vida de hipotecas, obligaciones, deberes, certezas. Rápidamente volvemos a nuestra confortable realidad, alejándonos de ese hombre o de esa mujer que nos devuelven una imagen que nos negamos a ver, porque es demasiado terrible. Y horriblemente real.

FUERA DE CASA

EL BOSQUE Y LOS ÁRBOLES Y BAMBI

Nadie diría que estamos en Nueva Jersey, a tan solo hora y media de Manhattan y el caos de la ciudad que nunca duerme. Podríamos estar en Irlanda o Asturias o los Alpes o los Pirineos. Es un lugar que parece salido de un cuadro de Hogarth, y hoy, después de la lluvia, aún más todavía: árboles espléndidos cargados de hojas verdes subiendo hacia el cielo, hayas, robles, musgo, ardillas correteando, erizos, ciervos. Un ligero desnivel baja hasta un arroyo, nos llega su vibrante murmullo mientras nos dirigimos hacia él. Nos sentamos en rocas magníficas, tiramos piedras al agua. El aire está lleno del chapoteo de las piedras al caer y de las carreras de los ciervos sobre la hojarasca. Alguien del grupo dice que parecemos extras de una película de Walt Disney. Reímos porque sabemos que es verdad. Tras la risa, callamos y dejamos de tirar piedras, este es un lugar que invita a la contemplación, nadie mira el teléfono, absortos como estamos en el discurrir del agua, en las miradas de los ciervos que nos espían con curiosidad. Se está muy bien aquí. Podríamos quedarnos aquí para siempre.

Cuando llega la hora de regresar, caminamos en silencio, intentando absorber el aire del bosque, fijarlo en nuestros pulmones y en nuestras cabezas.

Al llegar a la casa, uno de los norteamericanos del grupo nos advierte de que revisemos con mucho cuidado cada rincón de nuestros cuerpos por si algún *tick* (garrapata) se nos ha metido en los sobacos, las ingles o el pelo. Que lo hagamos ahora mismo y también mañana por la mañana. Nos miramos sin entender de qué está hablando. ¿Garrapatas? Al parecer los ciervos de todo el estado y de otros estados en Estados Unidos llevan garrapatas portadoras del *Lyme disease,* una enfermedad autoinmune y debilitante que se está extendiendo a una velocidad alarmante en este país. Nuestro anfitrión dice que no nos preocupemos, que no todas las garrapatas son portadoras, que si las pillamos vivas y no nos han picado, que no pasa nada, en la mayoría de los casos. Nos abalanzamos a «googlear» la enfermedad, los *ticks,* cómo pillarlas, qué hacer. Los norteamericanos suelen ser muy alarmistas, quizás es solo una falsa alarma, nada de lo que preocuparse realmente... Bromeamos sobre Trump, las garrapatas, los virus.

Al volver a la habitación me examino concienzudamente, no encuentro nada. Cenamos al aire libre, luna llena, *noodles* con langosta preparados por las infatigables cocineras chinas de nuestro generoso anfitrión, el dueño del bosque y del arroyo, al que todos envidiamos.

A la mañana siguiente, al despertarme, antes de entrar en la ducha, veo algo extraño en mi pelo, justo encima de la frente. Es una garrapata agarrada a la raíz del pelo. Me doy un susto tremendo, intento sacarla, se resiste. Me arranco varios pelos, pero consigo cogerla, la tiro al desagüe. Está viva y no ha dejado un rastro de sangre. Hago que corra el agua, desaparece, no sé muy bien qué hacer.

Y de pronto, el cuadro de Hogarth del día anterior adquiere un tono oscuro y pesadillesco. ¿Qué ha pasado para que los ciervos sean portadores de una enfermedad tremenda y debilitante? ¿Qué pasa en el mundo para que una simple garrapata arruine el placer simple y bucólico de un paseo por el bosque? ¿Dónde está Bambi?

EL HOMBRE DE LOS JILGUEROS

Hay un hombre en Central Park, en Nueva York, al que he visto durante años, en el mismo banco, con un bocadillo en la mano, dando de comer a los jilgueros. Empezó un día mientras hablaba con una mujer, que le dijo: «Tienes un pájaro en tu bocadillo». Y, al parecer, se corrió la voz en el mundo animal, y el hombre comparte cada mañana su bocadillo con multitud de pájaros que ya le esperan en el mismo banco cada día. El hombre habla con ellos y parece reconocerles. «Has engordado desde la última vez que te vi», dice, o: «Mira quién ha cambiado las plumas», o: «Vaya, ¿quién ha tenido familia?». Parece contento con su misión en la vida y ya posa con los pájaros en la mano para los curiosos que conocen su historia y acuden a ver el espectáculo de cientos de jilgueros revoloteando alrededor de un sándwich de jamón y lechuga. O pastrami. O queso. Antes de ir al parque, pasa por una «deli» donde ya le guardan los bocadillos que no han vendido del día anterior. Vive solo en una habitación de un piso compartido y tutelado en el Bronx y ha sido peluquero, camarero, chófer de autobús escolar, confidente de la policía. Ha estado en la cárcel por falsificación de cheques. No tiene visión en el ojo izquierdo, justamente por un accidente que sufrió en la cárcel. «Un accidente» recalca con sorna. Trabajaba en la cocina de la cárcel y hacía un chili con carne excelente que todos, incluidos los guardias, le alababan. A alguien empezó a caerle mal y el resultado es la cuenca vacía con un ojo de cristal que brilla de una manera antinatural los días de sol. Le soltaron antes de que cumpliera la mitad de la condena. Cree que tiene un hijo, pero nunca estuvo totalmente seguro cuando una exnovia le comunicó que iba a ser padre y desapareció. A veces piensa en ese hijo cuya existencia ignora, y se lo imagina casado, con hijos. Quizás uno de esos niños rubios que se acerca tímidamente a verle alimentando a sus pájaros es su nieto. Quizás ni siquiera tiene un hijo.

Cuando miras el espectáculo desde lejos, el rostro del hombre transmite una extraña beatitud, como si estuviera en trance y no escuchara la algarabía pesadillesca que le rodea cuando se le acaban las migas y los pájaros le abandonan hasta el día siguiente. El banco es el único banco de Central Park que está completamente cubierto de mierda, y los guardas del parque ya ni siquiera intentan limpiarlo, porque al día siguiente saben que estará igual. A veces, pasando por aquí, me pregunto qué pasará si el hombre cae enfermo y falta algún día a su cita. ¿Le echarán de menos? ¿Cuántos días le esperarán? ¿Escogerán a otro paseante con cara de necesitar una misión en la vida? No tengo respuesta para ninguna de estas cuestiones. Aunque me temo que lo único que podemos afirmar es que los pájaros se seguirán cagando en el banco.

EL VÉRTIGO

Casi todas las esculturas y pinturas que retratan a Napoleón lo representan montado en briosos y grandes caballos. Pero hay otros testimonios, como los que recoge el autor francés Christophe Donner en su reciente novela histórica *Au clair de la Lune* que sugieren otra cosa. El barón Scott de Martinville, discípulo de los hermanos Montgolfier, diseñó un dirigible en forma de pez, accionado por un motor de gas que permitía girar a derecha e izquierda, que atrajo a banqueros, científicos y militares de la época. Pero, cuando fue a presentárselo a Napoleón Bonaparte para que lo utilizara en la guerra que estaba a punto de estallar, este lo rechazó de plano con la frase: «Yo no voy a ganar mis batallas con un vil cacharro como este». Al parecer, lo que asustó a Napoleón fue la posibilidad de estar en las alturas, porque tenía vértigo y procuraba evitar hasta montar a caballo. Pero jamás lo admitía, hasta el punto de que echaba de su lado a todo aquel incauto que sugiriera un paseo a caballo. Y todos sus generales se abstenían de hablar del tema. Scott murió arruinado y el progreso de la aeronáutica sufrió un parón del que tardó en recuperarse.

Las mentiras sobre personajes históricos contemporáneos son a veces tan gordas que, a veces, uno no sabe qué cara poner cuando te enteras de manera fehaciente de que aquel a quien habías admirado tanto no es ni tan heroico ni tan bueno ni le han pasado todas las desgracias que creías que le habían pasado. Uno de los personajes del que más me ha asombrado descubrir la verdad es la premio Nobel de la Paz Rigoberta Menchú. En mi juventud, leí con emoción el libro *Me llamo Rigoberta Menchú y así me nació la conciencia,* donde relata su condición de indígena analfabeta, la muerte de su hermano torturado por los militares, sus años de trabajo como criada, el asesinato de su otro hermano quemado vivo. Hasta hace bien poco, yo creía a pies juntillas esa versión de la historia, porque me venía bien, porque me resultaba más edificante, más correcta. Más épica. Más cinematográfica. Y, durante años, no presté atención a otras versiones que ponían seriamente en cuestión esta. Finalmente, accedí a regañadientes a leer el trabajo del antropólogo David Stoll, que ofrece datos irrefutables: Rigoberta Menchú fue a la escuela, nunca trabajó como criada y sus hermanos ni fueron torturados ni murieron asesinados. Durante años, acepté la versión que me convenía de la vida de esta mujer, ignorando voluntariamente los datos que no quería saber porque no encajaban en mi visión de la pobre indígena que remonta las dificultades hasta alcanzar la cima del Nobel. Me pregunto cuántos casos así hay en la historia. Cuántas mentiras delante de nosotros que no queremos ver. Cuántos personajes que rechazan leyes o proclaman otras por razones que nunca sabremos. Cuánto vértigo.

BERLÍN, DEL CIELO AL SUELO

Paseas por Berlín como quien pasea por un lugar sobradamente conocido que guarda aún incontables sorpresas. Como todos los febreros de los últimos diez, quince años, enfilas la avenida Unter den Linden hacia algún salón de hotel donde hay reuniones, entrevistas, citas de negocio, paneles, conferencias de prensa... El mundo de todo lo que rodea a las películas es vasto, inabarcable, peculiar y, a veces, más parecido al mundo que rodea a la fabricación industrial de embutidos de lo que parece. A pesar de los años que llevas en este oficio, no deja de asombrarte la cantidad de gente que hace falta para que una película llegue al espectador, teniendo en cuenta que para imaginarla basta y sobra con una persona. Los carteles de los osos berlineses, el símbolo de la ciudad y de su festival de cine asoman desde sus cuatro puntos cardinales: un coro de osos amables, consumidores de zumos de zanahoria y brotes de bambú. Hay algo cargado en la atmósfera de Berlín en invierno, un aire de plomo y melancolía que cubre de grises el cielo y seca las hojas de los árboles, diluyendo los contornos de los múltiples edificios nuevos de la ciudad. Escudriñas ese cielo sin color mientras cae la nieve, esperando ver a Bruno Ganz y a sus alas gastadas, espiando a una equilibrista mortal, mientras suena una canción de Ingrid Caven. Hay globos gigantes en este cielo sobre Berlín, hay tranvías que desafían la nieve que se acumula en las vías. Niños con sombreros de lana húmeda, montados en los asientos especiales de las bicicletas de sus madres, abriendo la boca para recibir los copos de nieve semideshecha, fantaseando con una máquina de helados celestial que es la que, a la postre, fabrica la nieve. Gente que resbala en el asfalto congelado, se levanta y vuelve a caer. Y a veces también tú misma has caído en el suelo de esta ciudad. También tú.

Lo piensas mirando este suelo que han pisado ejércitos y tanques y soldados y prisioneros. Nada, ni siquiera los flamantes neones que anuncian pizza, juguetes o teléfonos móviles pueden borrar el peso de la historia que impregna las esquinas, hasta de los solares que empiezan a ser edificados por primera vez.

Lo piensas mientras contemplas esas pequeñas placas que conmemoran las vidas y las muertes y las desapariciones de tantos hombres y mujeres judíos que un día fueron arrancados cruelmente de sus existencias. Ellos también miraron un día este cielo que parece engullirnos con cortinas de agua helada, ellos también resbalaron, amaron, fantasearon, vivieron. Y las placas con sus nombres refulgen con un esplendor inusitado cuando finalmente, tras días en que parece que la grisura lo invade todo, sale por fin el sol.

ABRAZAR LA BASURA

Llevo semanas en Estados Unidos y, cuanto más tiempo llevo aquí, más acepto las cosas que, en el momento inmediato a mi llegada, me chocan. La basura, por ejemplo. Las enormes bolsas negras de basura que se agolpan en la puerta de todos los negocios cada noche. ¿Cómo puede ser que aquí la gente produzca tanta basura? De hecho, cada americano produce tres veces más basura que un latinoamericano y más del doble que un europeo. Y cinco veces más que un africano. Aquí no te cobran las bolsas de basura e insisten en ponerte dos. Aunque no quieras pajita para beber y así lo indiques, te la ponen de todas maneras, así como cubiertos de plástico, más servilletas de las que vas a necesitar en una semana, botellitas de plástico con mil y una salsas, etc. El resultado es pavoroso, y a las nueve de la noche Nueva York es una ciudad invadida por enormes bolsas de plástico negras, que cuando sopla el viento emiten unos lúgubres sonidos y vigilan a los transeúntes indiferentes.

Otra cosa que me choca: cada vez resulta más difícil encontrar sitios donde vendan *The New York Times*. El domingo pasado recorrí veinte calles del Lower East Side sin encontrar un lugar para comprar un ejemplar. Recuerdo bien el tiempo donde estaban por todas las esquinas, resultaba difícil encontrar un lugar donde no estuviera *The New York Times*. Y cuando lo encuentro finalmente, no puedo dejar de hacerme cruces del contenido en la sección «Metropolitan», una de mis favoritas. Hay un artículo que me provoca una vergüenza ajena inimaginable: un relato en primera persona, escrito sin demasiada gracia, de un hombre con una enfermedad seria pero no incurable que decide comprarse un Rolex en el que hay párrafos enteros sobre la belleza del reloj, la perfección de la correa, la elegancia de las manecillas, etc. Busco una y otra vez si es un artículo pagado por la marca de los relojes, pero no. Y no lo consigo entender. También hay otro artículo escrito por la periodista que cubre las bodas, digno de argumento de película de Jennifer Lopez: ella siempre ocupándose de las bodas de los demás y añorando la suya propia para la que no tiene todavía candidato (o víctima). Es el ejemplar del domingo también hay un artículo de Maureen Dowd burlándose una vez más de Trump y la cadena de mujeres que se pasean por los platós televisivos contando con todo lujo de detalles, a cuál más patético, su relación con el tipo. La opinión pública norteamericana parece completamente indiferente a las andanzas de su presidente. Hechos que en cualquier otro mandato hubieran causado un inmediato *impeachment* (Rusia, las porno *stars*, los despidos intempestivos, Melania) ahora son algo completamente normal. Incluso a mí todo empieza a parecerme normal. Un día de estos me pondré a pedir más servilletas y más bolsas de plástico y dejaré de leer con ojos críticos *The New York Times*, o incluso puede que deje de leerlo. Y hasta puede que una noche empiece a abrazar las bolsas de basura.

HERBÍVOROS

La pastelería está en el séptimo piso de los grandes almacenes Isetan, en pleno centro del distrito de Shinjuku, en Tokio. Los pasteles, intrincadas creaciones en colores crema y rosa, servidos por ceremoniosas camareras con guantes blancos, son devorados por grupos de mujeres, los mismos alegres grupos de mujeres que pueblan las cafeterías de todo el planeta, sin miedo al colesterol ni a la diabetes. Pero hay algo más: junto a los grupos de señoras de impecable aspecto,

hay mesas de chicos solos, con las cejas depiladas y pelo lacio
que sorben tazas de té y saborean con parsimonia delicados
Mont Blanc de castañas y porciones de tiramisú al té Mat-
cha. Confieso que no me había percatado de la presencia de
estos, fascinada como estaba por la presencia de las señoras,
que me recuerdan a mi propia madre y sus amigas. La amiga
japonesa que me ha traído hasta aquí me señala las mesas de
los chicos y me dice que hace diez años a ningún hombre japonés se le hubiera ocurrido entrar en un lugar así y pedirse
un pedazo de tarta, y que esos chicos forman parte de un creciente movimiento llamado «herbívoros», en japonés «oi-
torisama». Le digo que lo único que sabía del tema es que
los «herbívoros» rechazan cualquier contacto sexual. «Es
mucho más que eso», me dice. «La semana pasada el primer
ministro Abe los nombró como la gran amenaza del futuro
de Japón». «¿Y eso? Chicos a los que les gustan los dulces y
no quieren follar no me parecen tan amenazadores...». «Ve-
rás, el año pasado nacieron un millón de personas en Japón
y murieron un millón trescientas mil, la población de Japón
disminuye más que la de cualquier otro lugar del mundo, pero es que los "herbívoros" no quieren tener las responsabili-
dades de sus padres, no quieren ser propietarios ni de casas
ni de coches ni quieren trabajar ochenta horas semanales, ni
quieren viajar fuera de Japón ni quieren tener familias. Son la
reacción a la cultura de los "salary man" y la apropiación de
los atributos femeninos que hasta ahora les estaban vedados.
Rechazan frontalmente la masculinidad tóxica, pero rechazan también a las mujeres con personalidad propia a las que
consideran agresivas e intimidantes. Quieren hacer punto,
hornear pasteles, llevar sujetadores, peinar muñecas, crear
abalorios, llevar las cejas depiladas... Hoy en día son el grupo
social con más crecimiento en la sociedad japonesa. Tienen
asociaciones, prensa propia y hasta una serie de televisión
Girly men, donde un experto en artes marciales lleva una vida secreta haciendo crochet para su colección de animales

disecados». «Pues no tiene que ser muy divertido ser mujer en Japón en estos tiempos». «No, lo cierto es que no», dice mi amiga, mirando tristemente a su alrededor, buscando a la camarera. «¿Quieres otro pedazo de tarta? No hemos probado el *cheesecake* de mango».

MIRA QUE ESTÁ LEJOS JAPÓN...

Hoy solo me han preguntado ocho veces por qué me gusta tanto Japón y, aunque durante mi actual visita he visto mayoritariamente a personas japonesas, no hay *gaijin* (extranjero) que se resista a preguntármelo. Para abreviar y no entrar en detalles, que me llevarían demasiada energía y explicaciones, no dudo en recurrir a los tópicos: la literatura (los dos Murakamis, Ryu y Haruki, Yasunari Kawabata, Mishima, Kenzaburō Ōe, Yoko Togawa, Banana Yoshimoto...), la comida, el *kabuki*, el *butō*, el sake, el *shōchū*, el *shiso*, el *yuzu*, los templos, la moda (Limi Feu, Tsumori Chisato, Yohji Yamamoto, Rei Kawakubo, Junya Watanabe, el cine (Kurosawa, Oshima, Koreeda, Naomi Kawase)... Con unos cuantos nombres, pronunciados rápidamente para que la pronunciación parezca mejor de lo que es, mis interlocutores se quedan tranquilos y yo puedo ahorrarme hablar a desconocidos, que normalmente lo único que quieren es que les recomiende un par de restaurantes donde se coma buen *sushi*, de las cosas que, además de la retahíla de nombres citados, siento cercanas a mi corazón de este país, al que siempre regreso, bien sea para pasear o, como en este caso, para trabajar. Confieso que me molestan sobremanera los comentarios del tipo «qué país más raro», «los japoneses no son como nosotros» o «qué cansancio tanta reverencia»: los comentarios que solo revelan una cerrazón irracional que está en la base de todos los prejuicios del mundo y que contribuyen a hacer de este un lugar más aburrido y estúpido, al que cada vez cuesta más pertenecer sin sentir un acendrado sentimiento de vergüenza.

Siempre he pensado que, al descubrir un país nuevo, uno os-
cila entre la extrañeza y el reconocimiento mezclados: nos gusta
sentir sorpresa y nos gusta también descubrir una cierta fami-
liaridad en los territorios ignotos. Eso me pasa con Japón: per-
diéndome en barrios tradicionales (Kōenji, Shimokitazawa) me
fascina la escasa iluminación, las casitas bajas, los bares minúsculos con dueños que no ocultan su desdén cuando te aposentas
en la barra, porque ocupas el lugar de los habituales, ese misterioso y oscuro espacio entre los edificios, que teóricamente sirve para paliar daños si hay un terremoto, pero que para mí está
cargado de misterios y de fantasmas... Me encanta vagar por estos lugares sin rumbo fijo, disfrutando de mi extrañeza, mientras experimento una cálida y prolongada sensación de *déjà vu*:
a través de los libros, las películas, los rostros, la danza y la comida he construido en mi cabeza un país con retazos y aromas
y sombras de todo ello, un país que reconozco y amo y me ali-
menta y que descubro y redescubro sin cesar con un placer infinito. Un país que solo a mí me pertenece y que llevo en mi
corazón como un talismán secreto que me protege del olvido y
la indiferencia: mi Japón.

TODOS LOS PAÍSES SON IMAGINARIOS

Hay un lago entre Toulousse y Carcassonne cuyas orillas están
repartidas: en las de un lado se aposentan más los habitantes
de Toulousse y, en el otro, la gente de Carcassonne. Si un viajero llega desde otra región, no encontrará diferencia alguna ni en la gente ni en la vegetación ni en el agua, ni siquiera
en el tono con el que ambas localidades hablan de «su» lago.
En recorrer el perímetro del lago, que está insólitamente bajo, a pesar de las lluvias torrenciales de los últimos meses, se
tarda aproximadamente una hora y media a velocidad de paseo, y eso he hecho cada día estas últimas Navidades: es un
paseo agradable y poco transitado en las mañanas de bruma,

que son mis preferidas. El agua del lago y la niebla se juntan y no se distingue dónde empieza una y dónde acaba la otra. Luego, cuando algún rayo de sol se asoma con timidez, tienes la impresión de ver un cuadro de Turner en vivo. Hay escuadrones de estorninos que aparecen de repente y atraviesan el aire como si fueran trazos de caligrafía japonesa. Disfruto mucho con este paseo matinal que me vacía la cabeza de tensión y temor y preocupaciones. La sensación de descabalgar por un rato del mundo y sus problemas es necesaria, aunque sepas que el mundo y sus problemas están agazapados tras cualquier matorral, como un cobrador del frac implacable que no te va a dar tregua jamás por mucho que insistas que has pagado todas tus deudas. Muchas veces, durante este paseo, tengo epifanías, que al coger el coche de vuelta a casa se me antojan completamente irrelevantes. Esta última mañana del año, una idea absurda se apoderó de mí, cercana a la sensación de *déjà vu*, o casi. Mientras me detenía, hipnotizada por los colores indefinibles del agua y la bruma juntas, sentí que este lago y esta bruma y este camino podían ser otro lago y otra bruma y otro camino en otro lugar a miles de kilómetros de allí. Sentí que lo que dotaba de sentido (si es que hay algo que lo tenga) espacial a mi experiencia de estar allí era únicamente mi certeza de que yo y el lago estábamos donde estábamos porque así lo habíamos decidido, tal y como los habitantes de Carcassonne están convencidos que los de Toulousse se bañan en un lago que les pertenece a ellos. Por un momento sentí como una evidencia que todos los países son imaginarios y la imaginación a veces nos juega muy malas pasadas. Conduciendo de vuelta a casa, escuché a todo volumen a Nick Cave cantando «Dig, Lazarus, dig» concentrándome en las palabras «Lazarus, dig yourself, Lazarus, dig yourself» («Lázaro, entiérrate a ti mismo»), y en «el nido construido con grandes esperanzas y aire liviano». A ver qué epifanía me tiene preparada el lago mañana.

LA VUELTA A FRANCIA CON BANDA SONORA

Hace tres años me nombraron hija adoptiva de Marsella. Hace dos años Anne Hidalgo, la alcaldesa de París, me concedió la medalla de *chevalier des Arts et des Lettres*. Mi vinculación con Francia se remonta a mi infancia: parte de la familia de mi abuelo paterno era de Perpignan, y aunque yo no lo conocí, porque cuando nací él había muerto, esa familia de allí y esa influencia siempre ha estado presente en mi vida, desde la música que se escuchaba en casa (Brassens, Leo Ferré, Barbara, Edith Piaf), el cine, la literatura, la gastronomía, los viajes en familia. Y, por esas cosas del destino, seguramente la mejor profesora que tuve en mis años de instituto fue Carmen Rabal, mi profesora de francés, que me inoculó el veneno de toda la gran literatura francesa: Verlaine, Rimbaud, Baudelaire, Zola, Gide...

Evidentemente hay zonas que conozco más que otras, el Aude es quizás la zona donde más tiempo he pasado y una de las, para mí, más interesantes. Desde los castillos cátaros, la Fortaleza de Carcassonne, La Montagne Noire y sus pueblos colgados en las rocas, los mercados de trufas negras que se celebran justamente por estas fechas, Montolieu, un pueblo que con una población de ochocientos habitantes tiene dieciocho extraordinarias y cuidadas librerías, el canal de Midi, una fascinante obra de ingeniería que permite navegar desde Narbonne hasta el interior a un ritmo sosegado en barcaza... De hecho, cada vez que veo esas *péniches* saliendo de Castelnaudary, pienso que es algo que tengo que hacer algún día: recorrer el canal a ritmo pausado, parando de cuando en cuando para tomar un *pastis* o una copa de *blanquette*, que es una especie de cava ligero de la región. Está en mi lista de cosas para hacer este verano. Todo el mundo me ha dicho que hasta yo, que soy bastante torpe y maniobrar no es lo mío, puedo hacerlo... a ver si es verdad.

El Aude y toda Francia están llenos de tesoros por descubrir. Y más allá del Aude. Pienso en lugares como Nimes, una ciu-

173

dad en la que acabo de estar, invitada por una activa asociación de cinéfilos que cada año, únicamente con mucha buena voluntad y mucho empeño, organizan un festival de cine británico; ¡para que luego digan que los franceses son chauvinistas! Nimes es una ciudad con un riquísimo patrimonio romano que acaba de inaugurar un impresionante museo, el museo de la Romanité, situado en pleno centro histórico, justo enfrente de las Arenas de Nimes, que permite recorrer la presencia de los romanos en Francia de una manera muy amena, no exenta de rigor. En Nimes hay también un mercado, Les Halles de Nimes, donde se pueden comprar y degustar, *in situ*, las especialidades de la región, con mucha influencia de la Provenza, toda clase de *tapenades*, estas cremas a base de aceitunas, de las que hay hasta cincuenta variedades, el aceite de la zona es a base de una aceituna que se llama picholina y que es muy aromática y peculiar.

Mi descubrimiento más reciente y que me tiene fascinada es Nantes, ciudad que no conocía hasta el año pasado y que para mí tenía el aura de las películas de Jacques Demy, que nació en esa ciudad. Nantes es una ciudad fantástica, moderna, pero que ha sabido respetar y conservar su pasado, con un Teatro de la Ópera con una temporada increíble. La antigua zona de los astilleros es hoy una atracción turística de primer orden, donde una serie de atracciones (no solo para niños, confieso que yo también me monté) recrean el mundo de Julio Verne. El elefante es fantástico. Nantes tiene también tres cosas que me fascinan: un pasaje muy bien conservado, el Passage Pommeraye, donde Jacques Demy se compró su primera cámara, una librería/café/videoclub excelente, *Les Bien-aimés*, y una *brasserie Belle Époque* muy bonita, que sirvió de decorado a la película *Lola*, de Jacques Demy, que es uno de mis directores de cabecera. ¿Y cómo pensar en Demy sin pensar en Michel Legrand? ¿Sin escuchar la banda sonora de *Los paraguas de Cherburgo*? ¿O de *Les demoiselles de Rochefort*? *Piel de asno, Lola, La baie des anges...* Un propósito que espero cumplir pronto: alquilar una bar-

caza y, mientras el paisaje avanza lentamente y batallamos con
las esclusas, poner a todo volumen todas esas bandas sonoras
de Michel Legrand, para que su música inmortal sirva de compañía a los olmos de las orillas.

SIN BRÚJULA

Estar en Roma trabajando a 37 grados en verano tiene, al menos, la ventaja de no tener que hacer turismo: uno se libra de
las colas, los llantos de los niños arrastrados por padres in-
misericordes al Vaticano, los grupos infames de americanos
quejicas (esos que convierten la vida de los conserjes de los
hoteles en un auténtico calvario), los músicos callejeros que
destrozan las de por sí deplorables canciones de Coldplay... El
turismo que literalmente ha secuestrado la ciudad se empeña
en querer ver, comer y experimentar sensaciones de segunda
mano: con su demanda constante de mediocridad convierten
a la ciudad en una triste parodia de sí misma. Lo mismo puede
aplicarse a todas las ciudades europeas que sufren esta misma
plaga. Una plaga que ya predijo Henry James en sus crónicas
europeas cuando describía a sus compatriotas como una tur-
ba de lobos destrozando los lugares sagrados. Es una cuestión
de cultura, de educación, de criterio y de buen gusto. Quizás
Roma es la ciudad donde esta plaga duele más porque la cantidad de turistas en grupo que siguen a un guía con banderita y se amontonan en determinados puntos es absolutamente
monstruosa. Cuesta entender qué saca un ser humano en su-
dar la gota gorda, trotando con cincuenta compatriotas a golpe de pito, visitando el Vaticano, el Coliseo y las Termas de
Caracalla en un solo día y comiendo una pizza cruda y reca-
lentada, mientras compran bolas de nieve en las que se agita
una reproducción desafortunada de la *Pietà* de Miguel Angel.
O yendo en Segway en manada, que es ya la última moda para visitar la ciudad.

He estado en Roma más veces de las que puedo recordar y confieso que nunca he ido ni al Vaticano ni al Coliseo. Sí a las Termas de Caracalla, pero cuando estaban invadidas por los gatos, que misteriosamente han desaparecido de las ruinas de la ciudad, eliminados por el Ayuntamiento o quizás asqueados del turismo. Lo que más me gusta es perderme en barrios que no conozco. Entrar en un bar que no ha cambiado desde 1965, donde hay gente jugando a las cartas, pedir un café y, mientras finjo que leo el *Corriere della Sera*, escuchar conversaciones ajenas sobre los vecinos, los impuestos, la política. Luego, al salir, perderme de nuevo. Mirar paredes, balcones, gente que pasea a su perro, niños tímidos que vuelven del colegio todavía agarrando la mano de sus madres, magnolios gigantes que crecen escondidos en patios que apenas pueden contenerlos, una luz que incide de manera particularmente bella en un muro naranja desconchado. Los desconchados y las grietas de Roma siguen siendo los más bellos del mundo, pero son aún más bellos si los descubres sin guías, sin *apps*, sin mapas. Sin brújula.

COSAS QUE NUNCA TE DIJE SOBRE TOKIO

Muchas veces me has preguntado, amigo lector, qué tiene Japón para gustarme tanto. Yo te respondo casi siempre con cuatro tópicos que te dejan tranquilo y que a mí me permiten reservarme cosas que he visto, vivido y sentido en este país que, cuanto más conozco, más quiero. No te he dicho cuánto me gusta el letargo del desfase horario, que aquí adquiere la dulzura de las páginas de Yasunari Kabawata. Tampoco te he hablado del sonido furioso y constante de las cigarras en verano, que son capaces de hacerse oír hasta cuando llegas a la habitación del piso 32 de tu hotel. En la habitación: la disposición y forma de las toallas, una para cada parte del cuerpo. El ligero olor a menta y limón de las sábanas. La ventana que no se puede abrir y que en cualquier otro

lugar del mundo sería claustrofóbica y que aquí es una pantalla
silenciosa desde la que ver sin participar del estruendo de trece
millones de almas respirando al unísono. La alegría desbordan-
te e infantil de la gente comiendo en los *izakayas*. La elegancia
del gesto de una mujer que se recoge la manga del kimono para
servir sake en diminutas copas de cerámica negra mate. La cara
intensamente triste de una adolescente vestida de rosa comiendo patatas fritas del McDonald's con palillos en una esquina de
Takeshita-dori. El color ligeramente ocre del arroz avinagrado
que utilizan los maestros de sushi tradicionales. Los paraguas
para protegerse del sol que llevan las mujeres de piel nacarada.
Los cuervos. Los cuervos graznando por encima de los billones
de cables que atan la ciudad como las cuerdas de las fotos de Ara-
ki marcando la piel desnuda de mujeres frágiles de mirada fiera.
La piel gastada de las manos de un maestro de sushi amasando
cada bola de arroz con aéreo gesto de prestidigitador. Las botas
de agua de los cocineros de los puestos de ramen que derraman
el líquido de la cocción de los fideos en el suelo. El olor dulzón
y penetrante del curry japonés. Las mujeres que se tapan la boca cuando ríen. Las flores blancas que día tras día y año tras año
coloca en la puerta de su bar diminuto en Kōenji el dueño de un
establecimiento enamorado de Francia. Las inmensas librerías.
La gente que lee en el metro, en los cafés, en el tren, en los par-
ques, en la calle. El orgullo de los ancianos dirigiendo el tráfico
en los aparcamientos. Los callejones de Shimokitazawa. La gente sentada en cajas de cerveza bebiendo cerveza en los callejones de Shimokitazawa. Los cafés donde solo se escucha música
clásica con altavoces de madera construidos a mano. Los cana-
les secretos que cruzan la ciudad. Los bambús desmesurados que
crecen a los lados de las autopistas. Los hombres que regalan ba-
llenas hechas de origami a los turistas. La inmutable aceptación
de que un día como hoy llegará el gran terremoto que acabará
con todos los terremotos y todo esto será tan solo una colección
de recuerdos empapados de melancolía.

LA CASA DEL LAGO

Lake Wolf es una pequeña comunidad de unas 100 casas situadas en las orillas de un lago privado, en el condado de Sullivan, al norte del estado de Nueva York. En esta quietud, resulta difícil de creer que apenas dos horas separan este lugar verde, silencioso, privilegiado de la gran urbe ruidosa, sucia y bochornosa. Solo si tienes una casa aquí tienes derecho a nadar en este lugar, a cruzarlo en kayak o en bote a motor eléctrico: las embarcaciones de gasolina están prohibidas. Se respira una calma total en este lugar. No parece que nada pueda suceder aquí: los ciervos cruzan la carretera que rodea al lago, sin inmutarse por los escasos coches o los aún más escasos paseantes, las ardillas roban la comida que los habitantes del lugar ponen en los comederos de pájaros, los *racoons,* los hurones y los castores campan por doquier. Hay un local social donde los viernes dan batidos de helado gratis a los niños y se proyectan películas. La tienda más próxima, una de esas tiendas donde se puede encontrar desde un *sticker* irónico contra Twitter hasta trampas para ratones y helados de todo tipo, está a unos seis kilómetros, en Rock Hill, una ciudad donde solo hay una pizzería, una tienda de licores y una peluquería, diseminadas en una maraña de carreteras y accesos a la autopista que lleva directamente a New York.

Todos se conocen aquí, y cuando, como es nuestro caso, estamos de prestado, aquel que nos ha prestado la casa tiene que avisar de que no somos unos intrusos, sino gente de bien que por unos días compartirá la beatitud de este lugar magnífico. Ya nos han saludado los vecinos que tenemos a ambos lados, que ya recibieron la llamada de nuestra anfitriona. Nuestra casa es más modesta: un salón cocina, un dormitorio, un baño, un porche. Pero la vista es increíble: la casa se abre al lago y los atardeceres son nuestro espectáculo de cada día, así como los amaneceres, cuando una ligera bruma empieza a levantarse y el agua y el cielo se confunden en colores ámbar y dorado.

No es una comunidad de millonarios: las casas aquí oscilan entre los doscientos y los trescientos mil dólares, comparativamente mucho más baratas de lo que las casas en un lugar así costarían en España, cerca de Madrid, Barcelona o cualquier gran ciudad. Son segundas residencias de médicos, profesores, empleados de banca, abogados... Cada mañana, nadamos en el lago y cada uno de nosotros, a su regreso, se dedica a escribir: estamos aquí para eso. Tenemos plazos que cumplir, mucho que escribir, y en la ciudad es más y más difícil concentrarse, estar presente, sin que el calor, la calle, las luces, la gente nos proporcionen excusas para escabullirnos. Aquí están el lago, la luz y los ciervos, y nosotros dos en extremos opuestos del terreno con nuestros respectivos ordenadores, intentando avanzar poco a poco en la escritura. Pero hoy el calor aprieta y solo se está a gusto en el agua y bebiendo cerveza fría, y, después de tres páginas que he compuesto trabajosamente, siento que el día ya no va a dar más de sí y que, después de todo, estoy de vacaciones, ¿no? Así que cierro el ordenador y le digo a mi compañero que, por hoy, me retiro y que le espero en el agua.

Mañana será otro día.

ÉRASE UNA VEZ EN HOLLYWOOD

La primera vez que fui a Los Ángeles, me pasé todo un día intentando encontrar el camino a la colina donde estaban las letras de «Hollywood» sin conseguirlo. Creo que ese es el paradigma de mi vida en California. Buscar, sin saber muy bien por qué, algo que todo el mundo admira y busca. Algo que todo el mundo ha visto o cree haber visto y acabar en Mulholland Drive en una fiesta en un jardín demasiado grande para explorar en una noche, en casa de amables desconocidos millonarios, que te sonríen sin conocerte, mientras le piden a la camarera salvadoreña, de la que ignoran el nombre, que te sirva un plato de carne asada y mazorcas empapadas en sal y mantequilla.

He vivido en Los Ángeles en muchos momentos, he aprendido a conducir allí, he visto a Billy Wilder comer sopa poco antes de morir, he ido en descapotable con Dennis Hopper, he pasado ocho meses postproduciendo una película, viviendo a cuerpo de rey, y he pasado también tiempos difíciles en Venice Beach en un minúsculo y húmedo apartamento lleno de chinches, sin coche y sin dinero, he bebido burbon con Seymour Cassel en el bar donde escribía John Cassavetes y he ido a más reuniones absurdas de las que puedo recordar. En la última, no hace ni un año, no pude evitar un ataque de hilaridad, al mirar los pósteres del despacho del productor: era la mayor colección de malas películas reunidas que he visto nunca. Una de ellas había costado más de noventa millones de dólares y había recaudado menos de nueve.

Reuniones absurdas no es una exageración. En eso gasta la energía la población de esta ciudad. Hablar en comité de algo que todos sabemos que no va a pasar, con la vehemencia del convencido de que sí va a pasar. Todos esos cafés para llevar. Toda esa agua embotellada. Toda esa saliva desperdiciada. Esos proyectos que no van a ninguna parte que deben estar vagando en alguna nube gris perdida en la que yacen los proyectos más extraños que un día alguien creyó fascinantes hasta que dejó de creerlo y pasó a otra cosa. A veces miro al cielo y creo ver esa nube. Me sonríe burlona y yo le devuelvo la sonrisa. Nos conocemos.

He «amadodiado» la ciudad con una ambivalencia infantil que todavía me sonroja. Los Ángeles me fascina, pero nunca la he encontrado una ciudad especialmente inspiradora: esa luz uniforme y cegadora me anula y me idiotiza, todo lo contrario de lo que me ocurre con Nueva York, que es eléctrica y tremendamente real.

Hollywood está lleno de gente que sonríe, medita y pasea con colchones de yoga, pero que vendería a su madre por un contrato. Debajo de las sonrisas y las miradas benévolas, y el

amazing interés en tu persona, se esconden almas sin escrúpulos de ningún tipo, que huelen a desesperación. Entiendo
perfectamente que Faulkner o Raymond Chandler se entre-
garan a la bebida en esta ciudad de oropel y *showbusiness* y
aparcacoches con tres guiones debajo del brazo. Me alegro de
haber escapado a tiempo y de haber olvidado en mi apartamento alquilado de La Brea la colchoneta de yoga junto con
los «memos» de Irving Thalberg y un ejemplar de *El día de
la langosta.*

PHOENIX

En el aeropuerto de Phoenix, al que hemos llegado mareados por
la charla del taxista y la temperatura insoportable, han suspendido todos los vuelos porque hace demasiado calor hasta para
que los aviones despeguen, y la pista vacía brilla como un espejismo, como si de repente fueran a aparecer las caravanas de be-
duinos y las palmeras. 48 grados centígrados. Desde el interior
del aeropuerto se percibe el calor como un enemigo acechan-
te, y la gente se agrupa cada vez más cerca de las fuentes de aire
acondicionado: si te acercas a los cristales, te quemas, como le
ha sucedido a un pobre niño que gime mientras su madre saca
el hielo de un vaso de Coca-Cola gigante y se lo pasa por las manos y la frente. Nunca, ni siquiera en el desierto del Sahara, he
sentido el calor como lo siento aquí, achicharrante, infame, inhumano, aterrador. Mortal. Estos últimos días, el ayuntamiento
ha lanzado repetidos mensajes para que la gente no salga de sus
casas entre las doce y las cuatro de la tarde, como si a las cinco
las cosas mejoraran. De noche, el asfalto devolvía el calor acu-
mulado de día y un barrio de las afueras clamaba el récord de la
nación: cincuenta grados centígrados a las nueve de la noche. Lo
nunca visto. La temperatura más alta registrada de los últimos
cien años. Ha habido más de mil quinientos ingresos en los hos-
pitales por deshidratación. Cinco personas fallecidas por golpes

de calor. Varios perros muertos después de que sus amos los dejaran menos de una hora en el coche con las ventanas cerradas.
En el bar de deportes, las pantallas gigantes emiten un partido de béisbol para los que se han apoderado de la barra, dispuestos a acabar con las reservas de cerveza hasta que los aviones vuelvan a salir. Las colas en el McDonald's y en Starbucks son inacabables, y flota en el aire un aroma mezcla de fritura y Frapuccino. Huele a desesperación. Nadie sabe cuándo se restablecerá el tráfico aéreo y los empleados del aeropuerto parecen genuinamente desconcertados. Es la primera vez que el calor paraliza un aeropuerto en Norteamérica. No será la última. En el puesto de revistas, las portadas muestran a Trump en tanga, a Trump meándose en el planeta, al planeta, al nuestro, como un *emoji* con gafas de sol y brillante de sudor. Decido no comprar las revistas donde sale el hombre naranja en la portada. Compro *The Guardian* y, después de la retahíla de acontecimientos horrendos en el Reino Unido, hay un artículo de Stephen Hawking hablando del 2020 como la fecha límite para poder reaccionar contra el calentamiento global. Pasado el 2020, no habrá vuelta atrás. Nunca he deseado tanto que Stephen Hawking se equivoque, pero hoy, aquí, siento y sé que tiene razón.
Miro a la gente que protesta o bosteza mientras vacía las máquinas de agua y pienso en todas las películas de zombis que he visto, cuando los supervivientes se refugian en un supermercado, mientras los muertos vivientes aporrean los cristales. Pero ya no sé quién acecha a quién. Quién es el zombi y quién el vivo de verdad. No me siento especialmente viva hoy. En Phoenix.

SUDOR EN SHANGHÁI

Uno de los momentos que recuerdo con más hilaridad de mis andanzas por esos lugares del mundo fue una noche de verano a cuarenta grados, en Shanghái, en un antro de mala muerte

donde nos habían dicho que servían cubos de deliciosos cangrejos blancos fritos. Al entrar en el local, lleno a rebosar de gente
devorando cangrejos con las manos, con la tele a tope, sin aire acondicionado, nos sentaron en un rincón donde, tras unos
veinte minutos, un camarero muy serio, completamente empapado en sudor, se acercó a nuestra mesa y, sin mediar palabra,
antes de que pudiéramos pedirle nada, empezó a sacar las servilletas del servilletero, a secarse con ellas las cataratas de sudor
que le caían desde la coronilla y a tirarlas, sin inmutarse, sobre
nuestra mesa y hasta sobre nosotros. Es de esos momentos en
que las personas nos sentimos divididas entre la gula y el asco
y la risa floja. En nuestro caso, nos pudieron la risa y la gula y
acabamos comiendo cangrejos, que estaban de muerte y tirán-
dole al camarero servilletas empapadas con nuestro propio sudor. Pero no todos los camareros en Shanghái son así. En el otro
extremo del espectro, me invitaron a un restaurante de alto co-
pete, situado en una de las zonas más residenciales de la ciudad,
donde, antes de sentarte en la mesa, unos camareros de aire ce-
remonioso, impecablemente vestidos con batas blancas de médico, te tomaban el pulso y te miraban el iris y apuntaban los
resultados en un cuadernillo que pasaban a la cocina, donde no
menos pulcras cocineras elaboraban un menú individual, según
el estado que la medición del pulso y el iris indicaban. Recuerdo
una sopa con raviolis al vapor que sabía mucho a vinagre que se
suponía iba a arreglarme la vesícula y un té amargo que me iba
a dejar el hígado como nuevo. Pero reconozco que tanto plato
salutífero me hizo echar de menos los cubos de plástico llenos
de cangrejos fritos y hasta las servilletas del camarero sudoroso.

UNOS DÍAS EN LA REALIDAD

Cae un sol de plomo en la ruta de Lyon a Autun y el paisaje
de la Borgoña, con miles de vacas desperdigadas por doquier,
tiene un aire rotundamente bucólico. En la población france-

sa de Autun, en plena Borgoña, se han dado cita grandes periodistas europeos durante tres días de julio en el Festival des histoires vraies (Festival de historias verdaderas), organizado por la revista *21* y el prestigioso *Harper's*. Esta segunda edición del festival consiste en diferentes encuentros, entrevistas, talleres, conciertos, presentaciones, proyecciones y coloquios que tienen como objetivo debatir, siempre con el soporte de auténticas historias, el estado del mundo de hoy. Hay un extraordinario despliegue en la pequeña población y auténtica expectación. Por un módico precio, se puede adquirir una pulsera que permite acudir a todos los actos del festival. Todo empieza a las 9.30 de la mañana, al aire libre en el jardín de una rectoría y el tema es la justicia universal. La periodista Emilie Blachere, de *Paris Match*, relata el angustioso proceso que la ha llevado, desde que su pareja, el fotógrafo de guerra Remi Ochlik, fue asesinado por el ejército sirio junto a la periodista americana Marie Colvin, a averiguar quiénes fueron los responsables de esa muerte, qué sucede realmente en las ciudades sirias, quiénes transmiten información, cómo se almacenan documentos que se entierran en lugares secretos para algún día poder demostrar qué ocurrió realmente en esta guerra atroz y cómo procesar a al-Ásad.

El público, tras el emocionante testimonio de Emilie Blachere, tiene la oportunidad de preguntar durante quince minutos y, tras ellos, se pasa a otro testimonio, en esta ocasión el del periodista y autor de *Le maître des aveux*, Thierry Cruvellier, que ha cubierto para *Le Nouvel Observateur*, el juicio en Arusha tras el genocidio en Ruanda, y el juicio a Douch, el verdugo del ejército de Pol Pot en Camboya. Thierry Cruvellier relata con todo lujo de detalles en qué consisten estos largos juicios a grandes criminales de la historia. Su testimonio, lúcido, coherente y no exento de ironía, ofrece una visión realista y, a veces, descorazonadora de los procesos con los que se concluyen pedazos sangrientos de la historia de la humanidad. Afortunadamente, tras él, Reed Brody, el abogado activista de derechos humanos, que ha trabajado durante 18 años en el caso Hissène Habré, trae esperanza al público asistente. Sí, es posible juzgar a los tiranos, sí, es posible que estos sean condenados, sí, es posible que las víctimas que han sido torturadas y encarceladas durante años puedan testificar delante de aquellos que los sojuzgaron. El caso del juicio en Dakar, al exdictador de Chad, Hissène Habré, es un ejemplo de cómo la tozudez, la unión de las víctimas y la voluntad, el empeño y el trabajo de un puñado de activistas encabezados por Reed Brody han conseguido que se apliquen los protocolos de la justicia universal y que hoy Hissène Habré vaya a pudrirse en la cárcel para los restos. Mientras abandonan el recinto, camino de otras charlas sobre el estado de las cosas en Europa, Afganistán, Rusia, Mali o China, los asistentes a este fascinante festival se llevan consigo un aliento de esperanza reconfortante que les —nos— va a hacer mucha falta...

«DESASTRING»

Vaya por delante que ni mi compañero ni yo, que volamos una media de cincuenta veces al año, no somos de la clase de personas que protestan a la primera de cambio o que, a la menor oportunidad, montan un cirio por cualquier nimiedad. Si hay una tormenta o niebla espesa o cualquier fenómeno meteorológico o los pilotos o los controladores o el personal de tierra deciden hacer una huelga, entendemos que el vuelo que íbamos a coger esté retrasado o cancelado o lo que sea. Entra dentro de las probabilidades con las que cualquier viajero de hoy en día tiene que lidiar. Cuando cosas de este tipo han sucedido, sumergirse en un buen libro, respirar hondo, un rato de meditación o una película en el ordenador son cosas que hacemos a menudo para ocupar las largas horas que ambos hemos pasado en aeropuertos de todo el mundo, aunque el retraso nos haya hecho perder vuelos de conexión y nos haya supuesto muchas más horas en esos no-lugares. Todo esto es aceptable y hasta normal.

Lo que no es normal es lo que está pasando desde hace unos meses en la compañía Vueling y que hemos sufrido, junto a numerosos pasajeros, en estos últimos tiempos.

Los retrasos, percances, cambios de vuelos y cancelaciones de muchos vuelos de esta compañía se producen no como resultado de causas ajenas a la compañía, sino que, visto lo visto, son producto de la mala organización de la misma. Primer ejemplo: en un vuelo que tomé a Bruselas hace dos semanas, tras un retraso injustificado de tres horas, nos embarcan en el avión y el piloto nos dice que lleva un montón de horas volando y que la compañía «le ha pedido que por favor haga este vuelo». Ahí ya se te queda mal cuerpo porque piensas que un piloto fatigado no está en la situación ideal para trabajar. Tras una hora en el avión, te hacen bajar y te dicen que tienes que esperar a que llegue otro avión y otra tripulación. El resultado fue que salimos con seis horas de retraso a Bruselas, sin una explicación plausible.

Segundo ejemplo: el vuelo que salía de Donosti el pasado día 21 de septiembre a las 8.50 de la mañana. Tras despertarnos a las seis, para poder llegar al aeropuerto con tiempo, vemos que la compañía, con nocturnidad y alevosía, ha cancelado el vuelo y no hay otro hasta las seis de la tarde. Mi compañero tenía que coger un vuelo desde Barcelona a las cuatro de la tarde a Gambia, que es el único vuelo hacia ese país en toda la semana. Llamamos a la compañía y se niegan frontalmente a darnos cualquier solución por teléfono, mencionan que quizás haya un vuelo a la una, pero que no es seguro, en todo caso tenemos que ir al aeropuerto para ver si realmente ese vuelo va a hacerse o no.

Todavía perplejos por la no respuesta, volvemos a llamar, para preguntar si efectivamente podremos salir hacia Barcelona en ese vuelo de la una que no sale en la web de Vueling ni en ningún sitio y si, en caso de que alquiláramos un coche para asegurarnos totalmente de llegar a Barcelona, mi compañero podría tener la seguridad de que su plaza en el vuelo de Gambia no sería cancelada, ya que era un vuelo con conexión desde Donosti. Esta vez, la persona al otro lado del teléfono dice que no puede dar ninguna seguridad de nada y que tenemos que ir al aeropuerto aunque sean las seis de la mañana y ese supuesto vuelo salga a la una. Así lo hacemos, claro, no hay otro remedio. Y mientras el taxi nos aleja de la preciosa bahía de la Concha, donde podríamos habernos bañado una vez más, si tan solo alguien hiciera medio bien su trabajo, un sentimiento de derrota y estafa nos invade. Ya en el aeropuerto, conseguimos tener los últimos asientos del misterioso vuelo de la una, y alguien nos dice que esto pasa cada vez más y que el vuelo de las 8.50 no pudo salir porque los pilotos llevaban demasiadas horas trabajando. Otra vez cinco horas vagando por un aeropuerto donde no hay ni quiosco.

Vueling no parece tener ningún respeto ni por sus trabajadores ni por sus clientes. «Desastring».

MAZEL TOV, SHOSHANNA (VIAJE AL LUGAR MÁS POBRE DE NORTEAMÉRICA)

Me recoge media hora después de mi llamada a la compañía de taxis. No había conseguido llamarme desde su teléfono americano para avisarme de que llegaría tarde, mi teléfono, como ya le dije, es español y tenía que marcar el prefijo internacional; su teléfono no la dejaba, dice. El coche lleva pintada una abeja en la puerta, es el símbolo de la compañía, Busy Bee. La conductora se llama Alison, es de risa fácil y tiene unas uñas postizas larguísimas de color azul cobalto. La uña del medio es dorada. Si Liberace hubiera llevado uñas postizas, estas hubieran sido así. Me indica que me siente a su lado porque, si no me importa, vamos a recoger a otras personas a un hospital cercano. No hay problema, digo. Lleva la radio puesta y está sonando «I Don't Owe You Anything», de Tanya Tucker, una canción *country* fiera y melancólica que, como todas las de Tanya Tucker, habla de la muerte como quien habla de un rodeo más o menos accidentado. Me encanta su voz, le digo a Alison. Tanya Tucker. «Sí. Debe ser muy mayor ahora». «Bueno, sí, y ¿quién no?», le digo. Se ríe. Me pregunta de dónde soy. No le suena ni España ni Barcelona, pero se ríe igual, como si le hubiera contado un chiste graciosísimo. «Eso suena como si estuviera lejos». Bastante, le digo, bastante lejos. Su teléfono suena incesantemente. Rechaza todas las llamadas con un gesto de fastidio. Sus uñas azules rechinan contra la pantalla del teléfono. Finalmente contesta. «No voy a ir a Kiryas Joel a esta hora de la tarde, olvídalo, no iré, si no quieren que vaya un hombre, que las lleven sus maridos». Cuelga, medio enfadada, medio risueña. «Kiryas Joel, donde viven los jasídicos, aquí cerca, ¿verdad?». «Sí, las mujeres no pueden conducir y tampoco pueden ir en un coche con un conductor hombre que no sea de su familia, así que a mí me toca toda esta área... es un buen negocio para mí, pero se quejan por todo, si llevo manga corta, si pongo música, si llevo los labios pintados, tengo que llevar una chaqueta en el coche para que no protesten. Bueno, espero que la mujer a la que vanos a recoger no proteste porque tú estás en el coche, tiene seis hijos y ha llevado a la más pequeña al hospital esta mañana...». Kyrias Joel está a apenas sesenta millas de Nueva York. Las familias jasídicas que no podían pagar los altos alquileres de Williamsburg se trasladaron hace 25 años a este lugar, que es oficialmente el más pobre de América, con una población de 22.000 personas, en su mayoría de la secta jasídica ultraortodoxa Satmar, creada por un rabino rumano. Los hombres se dedican principalmente a estudiar la Torá, las mujeres a cuidar de los niños y la casa. Viven de los subsidios, los cupones de comida y las donaciones de familias más adineradas. No pagan impuestos, pero votan en bloque, así que el Gobierno de turno les promete y construye centros de salud y escuelas. EN LAS

ÚLTIMAS ELECCIONES VOTARON A TRUMP. Los tribunales mayoritariamente fallan a su favor en los juicios, especialmente en casos de divorcios dentro de la secta, cuando es la mujer la quiere divorciarse. La justicia le otorga la custodia al padre en el 99 por ciento de los casos: los niños tienen el deber de criarse con un padre religioso y observante de las normas de conducta jasídicas. En el momento de la boda, las mujeres se rapan el pelo y llevan peluca hasta que mueren. Nunca llevan pantalones ni vestidos de manga corta o tirantes. Los hombres llevan el mismo atuendo desde tiempos inmemoriales (traje negro, sombrero que varía de tamaño y camisa blanca (y se dejan un par de rizos a cada lado porque la interpretación talmúdica de la Torá prohíbe afeitarse las sienes). Las tiendas de postizos de pelo son negocios florecientes. Y las fábricas de *matzo ball*, las bolas de harina de la sopa tradicional. Las familias tienen una media de cinco hijos. Muchas pasan de los siete. Los veo pasear muchas veces por la carretera en esta zona del estado de Nueva York, alrededor de los campamentos de verano, delante de las casas con el césped lleno de coches de plástico de colores y triciclos. Una vez paré porque vi a unos niños que parecían esperar que los llevaran. No quisieron subir a mi coche. En 1986 un grupo de niños se negó a subir en un autobús escolar conducido por una mujer. Desde entonces, los autobuses escolares para escuelas jasídicas no han vuelto a contratarlas. Hay algo de heroico en su rechazo a dejarse contaminar por la sociedad en la que están inmersos, de conservar sus costumbres, sus cánticos, sus sombreros de piel, aun en el momento más caluroso del año, que me fascina. Y como en casi todo lo heroico, también hay algo de tremendamente intolerante e inhumano. Llegamos al hospital y Alison para la música y pone las noticias. «No pueden escuchar música no aprobada». Una mujer con una falda hasta los pies y un turbante sube al coche con una niña de unos nueve meses agarrada al cuello. Alison la ayuda a plegar el cochecito. La niña tose como si estuviera muy acatarrada. Es agosto y hace calor, pero la niña, rubita y pequeña, va vestida con un grueso jersey que parece tejido a mano. Emprendemos la marcha mientras la radio habla de la llegada de Trump a Biarritz. Querría preguntarle algo a la mujer del turbante, pero me da un pudor tremendo, ¿quién soy yo para preguntarle por su turbante, su manera de vivir, su fe?, así que me limito a sonreír a la niña por el espejo retrovisor. Le pregunto a Alison que qué le parece Trump. «Bueno... al menos siempre dice lo que piensa, no se corta». No puedo evitar que se me escape «Pero lo que piensa es... ¡horrible!». «Sí, bueno, puede ser, pero es sincero... y es muy gracioso, llama Pocahontas a Elizabeth Warren», añade, muerta de risa. «¿Te imaginas? ¡Pocahontas! Yo volveré a votarle, creo». Así es esto lo que les cautiva: la bufonería, la desfachatez. Todo lo demás, el espanto, el muro, los niños separados de sus padres, el desprecio a las mujeres que no son su hija, las mentiras sistemáticas, las decisiones económicas siempre en beneficio de esas élites que afirma despreciar, da igual. La mujer del turbante no hace ningún intento de participar en nuestra conversación. Le está dando un biberón de zumo a la niña. Cuando termina, la niña suelta un eructo sonoro que interrumpe un comentario en la radio sobre la incipiente complicidad entre Donald Trump y Boris Johnson. Las tres nos echamos a reír. Alison más fuerte, mientras golpea el volante con sus uñas azules. No hablamos durante un largo trecho. Sé que nada de lo que yo pueda decir o argumentar va a cambiar lo que Alison siente sobre su presidente ni hará que la mujer del turbante quiera dejarse crecer el pelo de nuevo. Ni nada de lo que ellas puedan decir cambiará mi convencimiento de que raparse el pelo porque un a rabino, hace doscientos años, le excitaba el pelo de la mujer de su vecino o votar a un candidato porque es sumamente entretenido son cosas que no tienen sentido. Pero que, en este momento, ¿hay algo que lo tenga? Todo lo que no decimos flota en el aire como polvo suspendido. Ahora y aquí solo somos tres mujeres en un taxi que no tienen nada en común, salvo el eructo de un bebé sa-

tisfecho. O quizás sí, quizás hay miles de cosas que compartimos, deseos, sueños, añoranzas, proyectos, emociones, pero
no hay tiempo ni voluntad ni espacio para que lo averigüe,
porque llegamos a mi destino. Le pago a Alison, le sonrío a la
niña, le pregunto a la mujer del turbante cómo se llama esta.
Titubea, pero me lo dice. «Shoshanna». «*Mazel tov*, Shoshanna» digo, «Buena suerte».

BRUSELAS

Hay una placa en un centro cultural de Bruselas donde se indica que a pocos metros de distancia de allí se hallaba el pen-
sionado donde estudiaron Charlotte y Emily Brontë, y donde,
imagino, empezaron a perfilar los personajes dolientes y orgu-
llosos que pueblan sus novelas. Sobra decir que hace frío y que
cae una lluvia fina que no parece gran cosa hasta que estás cala-
do hasta los huesos y es demasiado tarde. Bruselas tiene el cli-
ma ideal para quedarse en la cama leyendo y para explorar las
innumerables y bien surtidas librerías que todavía se encuentran desperdigadas por la ciudad y sus pasajes, salpicando de
libros una ciudad que parece dedicada con fervor a los chocolates y los gofres. La población flotante de Bruselas consta
en un noventa por ciento de funcionarios de todos los rangos
de la Comunidad Económica Europea y en un diez de turistas que se arrastran por las tiendas de chocolates, comprando
reproducciones del Manneken Pis y admirando la Gran Plaza. En cualquier acontecimiento social encontramos funcionarios, eurodiputados, subsecretarios y miembros de cámaras
comerciales cuyas siglas nos resultan incomprensibles. Como
en todos los gremios, encontramos personas admirables cuyo
pensamiento está guiado por una auténtica vocación de ser-
vicio y personas que pertenecen al numeroso gremio de «yo a
este mundo he venido de vacaciones». Gente muy válida que
cree firmemente que una Europa unida es lo más deseable pa-

ra todos y que trabaja y propone medidas en esa dirección, y otros que son los que sus respectivos partidos no sabían dónde meter y, como al hijo menos espabilado, lo envían a que no dé guerra al Parlamento Europeo. Cuando Inglaterra hizo de esta institución su némesis para conseguir el *brexit,* uno de sus argumentos era que la comunidad europea cometía un expolio constante del dinero de los ingleses, ya que era un nido de corruptelas y funcionarios que se pegan la vida padre: Europa nos roba, como gritaba Boris Johnson en más de un mitin cuando todavía estaba en la oposición. Como ocurre todo el tiempo en nuestros días, una vez una idea falsa, pero creíble y mezquina, se apodera de la mente de un votante resentido (resentido con el mundo, con su trabajo o quizás simplemente con su suegra), no hay quien la saque de allí. Así que ya estamos una vez más ante una Europa coja, una Inglaterra aislada y un mundo un poco más desunido y peor, donde cada vez más va a ser mucho más difícil ponerse de acuerdo. Y todo porque nadie se toma la molestia de indagar un poco en el auténtico funcionamiento de las cosas. ¿Para qué, cuando resulta incomparablemente más fácil creer lo que más te convenga para sentirte superior, para culpar a otro de todos tus males, para regodearte en tu resentimiento y en tu estúpida ignorancia? No sé si lo que digo les sonará de algo...

RECOMENDACIONES

PELIS Y SERIES

PELÍCULAS

El sacrificio de un ciervo sagrado. **Yorgos Lanthimos**
Las películas del director griego son insoportables y fascinantes
a la vez. Esta última película, con su ya habitual Colin Farrell y
Nicole Kidman, es directamente una película de terror. Especialmente si el espectador tiene hijos. Colin Farrell le ha pillado
el punto a esa manera de interpretar sin interpretar que le gusta al director. Nicole Kidman, no.

Atrapado en el tiempo. **Harold Ramis**
Una y otra vez. Si no fuera por Bill Murray y Andy McDowell, se
diría que es un documental de esto que vivimos. Al menos en
la película te ríes.

Tres anuncios en las afueras. **Martin McDonagh**
Una película que acompaña perfectamente al libro de Michael
Wolff sobre una madre sedienta de justicia para el hombre que
asesinó y violó a su hija, que sigue en libertad. Frances McDormand es perfecta en el papel de madre y Woody Harrelson y Sam
Rockwell están a su altura como los policías que intentan sin éxito capturar al asesino. La película no ofrece respuestas fáciles y a
veces roza la inverosimilitud, pero es un gran retrato de la América profunda: la que ha propiciado que Wolff escriba su libro.

120 latidos por minuto. **Robin Campillo**
Una película estremecedora que consigue algo muy difícil: explicar con profundidad el contexto sociopolítico de la lucha de
los enfermos de sida bajo el signo de la organización ACT UP en la
Francia de los noventa y mezclarla en un perfecto y raro equilibrio

con una bella y desgarradora historia de amor. El actor argentino Nahuel Pérez Biscayart hace una auténtica creación de su personaje y merecería, si hubiera justicia, todos los premios del año.

The Florida Project. Sean Baker
No sé de dónde ha salido la niña protagonista de esta preciosa película, pero es la presencia más impactante en una pantalla que he visto en mucho tiempo. La vida precaria en un motel, cerca de un parque Disney en Florida, la miseria, la prostitución, la amistad, la droga, vista a través de la mirada de un personaje indomable que no levanta tres palmos del suelo. Con Willem Dafoe, que por fin vuelve a interpretar a un personaje humano, después de una serie de películas interpretando a malos de libro.

Sin amor. Andréi Zviáguintsev
La disolución de un matrimonio en la Rusia contemporánea y sus consecuencias en un pobre chaval, que se convierte en un estorbo para los planes de sus padres. Escalofriante, durísima y sin concesiones.

La fiesta de la vida. Olivier Nakache y Éric Toledano
Como hay gente que a veces se queja (por quejarse que no quede, la gente es lo que tiene...) de que siempre recomiendo películas densas y tristes (es verdad, y ¿cuál es el problema?), he aquí una película ligera, entretenida y con el inconmensurable Jean-Pierre Bacri en plena forma interpretando a un director de cáterin para bodas que se enfrenta a un cliente realmente insoportable, para pasar una velada sumamente agradable sin melodramas desaforados. No sufran, dentro de poco regreso al mundo del arte y desmayo.

The Party. Sally Potter
Una farsa de apenas setenta minutos que arrasa con el decoro, las buenas intenciones y la frágil Inglaterra del *brexit* gracias a unos actores que disfrutan enormemente de cada segundo que

se les otorga en la pantalla. Con Kristin Scott Thomas (como anfitriona de un *party* que celebra su nombramiento de minis- tra), Emily Mortimer, Patricia Clarkson, Timothy Spall y Bruno Ganz.

Llámame por tu nombre. Luca Guadagnino

Una preciosa película sobre la esencia de un amor desigual pero auténtico que marca la vida de sus protagonistas. Las secuen- cias finales son inolvidables. Si James Ivory no gana el Óscar al mejor guion adaptado es que no hay justicia.

Lady Bird. Greta Gerwig

Una película brillante, tierna, divertida y honesta sobre la ado- lescencia y las relaciones madres e hijas. Aunque no le dieran ningún Oscar, Greta Gerwig lo merecía.

La muerte de Stalin. Armando Iannucci

Una sátira descacharrante, inteligente y lúcida sobre los acon- tecimientos que rodearon la muerte del dictador. Steve Busce- mi, como Nikita Kruschev con acento de Brooklyn, está que se sale y la película deja el regusto amargo de cuando te ríes de al- go sabiendo perfectamente que fue terrorífico. La película ha si- do prohibida en Rusia. Me pregunto por qué...

Persona. Ingmar Bergman

Un filme de una complejidad plenamente moderna que repo- sa en dos rostros excepcionales: Liv Ullmann y Bibi Andersson. Para recordar por qué algunas películas no agotarán nunca sus interpretaciones.

Rock and Roll. Guillaume Canet

Una curiosa y a ratos hilarante comedia dirigida e interpretada por Guillaume Canet y su pareja en la vida real, Marion Cotillard, sobre un tema que raramente se ha tocado en el cine: el momen- to en que un actor cumple una cierta edad y alguien le dice que ya no mola. El cameo de un Johnny Hallyday, más allá que aquí, convierte a la película en un desarmante epitafio.

Hearstone. *Corazones de piedra*. Guðmundur Arnar Guðmundsson
Thor y Christian son dos adolescentes que matan como pueden el tiempo en un pueblo pesquero islandés. Uno se siente atraído hacia el otro, y la película está contada desde el punto de vista del que no se siente atraído sexualmente por su amigo. Una película honesta y veraz sobre la dinámica en las conductas de los adolescentes y una mirada diferente sobre una isla que a veces parece tan lejos como Marte.

***Las distancias*. Elena Trapé**
Un amargo relato generacional, retrato de un grupo aún joven pero tremendamente desencantado de treintañeros perdidos y fundamentalmente descontentos, que no acaban de encontrar su lugar en el mundo. Ganó el premio a mejor película, mejor director (Elena Trapé) y la mejor actriz (Alexandra Jiménez) en el pasado Festival de Málaga con todo el merecimiento.

***Un sol interior*. Claire Denis**
(Con guion de Christine Angot). La mujer interpretada por una luminosa Juliette Binoche quiere amar y ser amada en una película que une irresistiblemente lucidez y romanticismo. Probablemente la película más optimista y asequible de Claire Denis y un nuevo recital interpretativo de Binoche.

***La mujer que sabía leer*. Marine Francen**
En 1852, un pequeño pueblo francés se queda sin hombres después de la guerra, y las mujeres hacen un juramento: si viene un hombre será para todas. Esta bella película se sitúa en las antípodas del remake que hizo Sofia Coppola de *El seductor* de Don Siegel. Y tanto mejor. Soberbias interpretaciones de actrices francesas, la mayoría (salvo Géraldine Pailhas) desconocidas.

Arrepentimiento. **Tengiz Abuladtze**
La última película del director georgiano se rodó en 1984 (él falleció en 1994), y es un retrato alucinante y alucinado de una dictadura alegórica (en la que la mujer del tirano se niega, tras su muerte, a dejar tranquilo el cadáver), que no se halla tan lejos de todo lo que vemos y vivimos ahora mismo.

Marguerite Duras, Paris 1944. **Emmanuel Finkiel**
Una película fascinante del infravalorado director Emmanuel Finkiel, con una Melanie Thierry que hace olvidar que su físico en nada recuerda al de la escritora. El director consigue plasmar la disociación que siempre practicó Duras y lo hace con maestría, delicadeza y un dominio total del encuadre. Silencios, nucas, carne de gallina, lágrimas, espera, dolor y un implacable retrato de la Francia ocupada. La escena del restaurante cuando suena *J'attendrais* y resistentes, colaboracionistas y soldados alemanes bailan es difícil de olvidar

Algo celosa. **Stéphane Foenkinos y David Foenkinos**
Karin Viard es un de esas actrices a la que se ama sin límites, aunque interprete a una mujer «en tránsito», amargada, resentida y acomplejada. Los hermanos Foenkinos exploran aspectos del carácter femenino que muy pocas veces se han visto reflejados en la pantalla. Y lo hacen con humor, delicadeza y ternura. Una película equivalente a un refrescante *pisco sour*. ¡Incluso dos!

Cold War. **Paweł Pawlikowski**
Una película maravillosa, triste, salvaje y poderosa con una actriz inolvidable que hará historia. Es imposible imaginar *Cold War* sin Joanna Kulig, que es una mezcla explosiva de Marilyn Monroe, Brigitte Bardot y Robert de Niro, capaz de hacernos amar y entender un personaje salvaje, enamorado de la idea del amor, apasionado, opaco y trágicamente equivocado.

Entre dos aguas. Isaki Lacuesta
Para mí, la mejor película española del año y la que tenía que habernos representado en los Óscar y otro gallo nos cantaría. Mágica, emocionante, real y cruda. Una película que habla de la gente real, con problemas reales, con poesía y sin aspavientos. Merecidísima Concha de Oro en Donosti. Y merecedora de encontrar una respuesta masiva del público.

La favorita. Yorgos Lanthimos
La película más viva del año, con tres actrices, Olivia Colman, Emma Stone y Rachel Weisz, dándolo todo, que consigue ser dura, divertida, triste y amarga al mismo tiempo. Olivia Colman demuestra una vez más que es la mejor actriz del mundo anglosajón. Esto es así.

El gran carnaval. Billy Wilder
Hay que volver a ver esta película de Billy Wilder con Kirk Douglas para darse cuenta de que la cobertura mediática del rescate de la criatura, que ha acaparado portadas e incontables horas televisivas, ya estaba narrada hace muchas décadas. Y, por desgracia, realidad y ficción no son demasiado diferentes.

High Life. Claire Denis
Con Robert Pattinson y Juliette Binoche. Una película de ciencia ficción inclasificable, oscura y fascinante sobre un grupo de criminales que son enviados en una exploración espacial junto a una doctora, obsesionada con la procreación. Una película que rezuma sangre, leche y semen y que plantea más cuestiones de las que resuelve. Pero eso es lo bueno.

El verano de mi juventud. John Milius
Es una película de 1978 y todavía me sigue pareciendo la mejor película sobre el mundo del surf que se ha hecho. Con Jan-Mi-

chel Vincent, William Katt y Gary Busey, cuando eran unos cha-
valines llenos de ilusiones.

Doctor Zhivago. **David Lean**
Cada vez que veo las películas de David Lean, sea esta o *Lawrence de Arabia* o *Breve encuentro* o *El puente sobre el río Kwai*, siento que me hallo ante un coloso del cine, capaz de rodar con un
brío asombroso escenas épicas como nadie en la historia del cine y rodar con suma delicadeza escenas intimistas, que se ha-
llan entre las más prodigiosamente románticas del cine. Y Julie
Christie. Julie Christie. Julie Christie.

Un corazón en invierno. **Claude Sautet**
Con Emmanuelle Beart, Daniel Auteuil y André Dussollier. ¿Por
qué recomiendo esta película de 1995? Porque me parece una
de las películas más románticas que he visto nunca. Porque me
parece que Claude Sautet era (murió en el 2000) un director y
guionista de una delicadeza e inteligencia inigualable. Porque
ninguno de los grandes actores que la protagonizan estuvieron
tan ajustados y conmovedores ni antes ni después. Porque hay
que revisar películas que nos descubren facetas escondidas del
alma humana. Porque es una película sobre los espejismos del
amor, sobre ese momento de cristalización y ansia y hambre de
conexión que a veces, muchas veces, conduce a callejones sin
salida porque atribuimos a ese esquivo «otro» cosas que solo
están en nosotros. Porque, créanme, es una gran película. Una
película que me hubiera gustado dirigir

Roma. **Alfonso Cuarón**
Todas las alabanzas que se le puedan hacer a esta película son
pocas. Mi única recomendación es: véanla en pantalla grande
para saborearla a fondo y luego vuelvan a verla en Netflix, merece muchísimo la pena. Preciosa historia, inmensas presencias
de los actores, bellísima película.

Selfie. Víctor García León

Una película imprescindible en forma de falso documental, formato que permite al director hacer un retrato certero y verdadero de la realidad política en la que estamos sumergidos. Una gran creación del debutante Santiago Alverú como hijo de un ministro al que pillan con las manos en la masa y de pronto se convierte en un paria, rechazado por todos, viéndose obligado a cambiar la casa con piscina y *jacuzzi* por un modesto cuarto en casa de una mujer ciega y podemita. *Selfie* consigue ser divertida, cáustica y conmovedora con muy pocos y peliagudos elementos. Una prueba más de que con un punto de vista original, tener algo que contar y no tener miedo al riesgo es posible hacer una película formidable.

Faces, Places (Rostros, lugares). Agnès Varda y JR

Este documental, firmado por la mejor directora en activo del mundo y el artista urbano JR, muestra el recorrido por la Francia rural de esta singular pareja y es absolutamente conmovedor. Merecería la pena su visionado, aunque solo fuera por el capítulo final, en el que ambos se acercan hasta la casa en Suiza de Jean Luc Godard. Una película que muestra a Francia y a los franceses a años luz de las comedias populares y el falso glamur de los anuncios de Chanel.

Filmworker. Tony Zierra

Un precioso documental que se puede ver en Movistar, sobre la peculiar trayectoria de Leon Vitali, un actor que interpretó al hijastro de Ryan O'Neal en Barry Lyndon. En ese rodaje, el actor quedó fascinando por la figura de Stanley Kubrick y decidió dejar la actuación y prácticamente dedicar su vida entera a ayudar, proteger y mimar la figura y la obra del autor de *Senderos de gloria*. *Filmworker* es la historia de una devoción, rayana en la pasión por el cine. Todos los que amen el cine, amarán esta película.

Dantza. Telmo Esnal
En algunos cines escogidos se podía ver este magnífico documental que demuestra que, con inteligencia, creatividad y sensibilidad, cualquier tema, en este caso las danzas populares vascas, puede revisitarse y transformarse en una película hipnótica.

Grace Jones: Bloodlight and Bami. Sophie Fiennes
Un documental alrededor de Grace Jones, con saltos temporales desconcertantes, pero que supone una fascinante inmersión en el universo de la cantante y modelo jamaicana desde sus orígenes en una familia profundamente religiosa, que intentó sin ningún éxito ejercer un control, y una disciplina total sobre ella hasta su lucha por grabar nuevos discos, sin tener compañía que la respaldase. Un viaje que es el retrato de un alma indomable y de una época. La secuencia en el programa de televisión francés de variedades es impagable.

Hotel Explotación: Las Kellys. Georgina Cisquella
Como dice el aforismo de la artista Bárbara Kruger: «El mundo es un lugar muy pequeño, a menos que tengas que limpiarlo». Este interesantísimo documental nos permite ver de frente una realidad que tenemos delante de los ojos, pero preferimos ignorar: la de la vida cotidiana del colectivo de mujeres que limpian los hoteles. Al menos, después de ver las condiciones en las que trabajan a destajo y los míseros salarios que perciben, démosles las gracias cuando nos las cruzamos en los pasillos y no finjamos que no existen y que nuestras confortables habitaciones de mullidas moquetas e impecables baños se limpian solas...

Todas las películas de **Agnès Varda** porque siguen vivas de la primera a la última. *Visages, villages* todavía puede verse en algunos cines, a la espera de su película testamento que se estrenará en los próximos meses.

SERIES

Lo que queda en el desván. **Coky Giedroyc**
La serie inglesa de la BBC, de título original *What Remains*, cuenta en siete episodios el último caso de un comisario viudo y solitario, a punto de jubilarse, que se enfrenta al mundo aparentemente plácido de un edificio en el que una pareja que se acaba de mudar encuentra el cadáver de una joven desaparecida, a la que nadie, durante dos años, echó de menos. Un inquietante retrato, lleno de detalles fascinantes de la soledad, de la marginación y del rechazo que muchas mujeres sufren en silencio.

Paquita Salas. **Javier Calvo y Javier Ambrossi**
La segunda temporada vuelve esta representante de actores, cargada de buenas intenciones, pretensiones, nulo olfato para los negocios y toneladas de ternura. Impagable el capítulo del Festival de cine de Tarazona. Con intervenciones estelares de Pajares (como antiguo amante de Paquita) y una Ana Obregón sorprendentemente humana. Imposible imaginar a otro actor haciendo lo que consigue Brays Efe: que nos riamos con y de Paquita, mientras nos rompe el corazón.

November 13: Attack on Paris. **Jules y Gédéon Naudet**
Los hermanos Naudet ganaron un Emmy con esta serie documental sobre los atentados del 13 de noviembre en París. La aproximación al tema por parte de sus autores es modélica: con poquísimos planos de archivo y el testimonio de rehenes supervivientes, socorristas, bomberos, policías y hasta políticos (Hollande, Anne Hidalgo) nos ofrecen un emotivo y sereno retrato de unos hechos que conmovieron a Francia y al mundo.

Por desgracia, con nuestro actual panorama político, veo imposible que nadie pueda realizar nada semejante sobre los atentados de las Ramblas: cuando las banderas inundan la visión de las cosas, la serenidad se va por la alcantarilla.

The Staircase. Jean-Xavier de Lestrade
El acceso que los autores de esta serie documental tuvieron al caso de la muerte de la mujer del escritor James Patterson hace de este *true crime* una narración inquietante, turbadora y peligrosamente adictiva. En cada episodio cambia nuestra percepción de lo que ocurrió.

Maniac. Cary Fukunaga
De esta serie de ocho episodios mola todo: la trama, los personajes, el sentido del humor (¡las orejas de Emma Stone en el episodio 7!). Los cambios abruptos en el guion, las sorpresas que sobre el papel debieron parecer inverosímiles (¡el episodio del lémur!), ese mundo retrofuturista donde la gente alquila amigos y lucha desesperadamente para sacudirse el dolor y la tristeza y los fantasmas del pasado. Abracadabrante y conmovedor Jonah Hill.

Russian Doll. Natasha Lyonne, Amy Poehler, y Leslye Headland
Natasha Lyonne es una diseñadora de juegos que revive su muerte, de diferentes maneras, el día de cumple 37 años. Una especie de divertidísimo *El día de la marmota* en un Nueva York nocturno y pintoresco. La voz de Natasha Lyonne es una mezcla de Marge Simpson y Rickie Lee Jones.

Better things. Pamela Adlon y Louis C. K.
Es sencillamente fabulosa. La historia de Sam Fox, una actriz en activo, pero que nunca ha sido una estrella, y sus tres hijas, a las que cría sola, es el retrato más divertido y conmovedor que he visto sobre la vida de una mujer de cincuenta años ante la maternidad y sus crueldades y la vida sentimental y sus situaciones surrealistas. Pamela Adlon es sublime en su triple papel de actriz, guionista y productora. Y algunos de los guiones escritos por Louis C. K. demuestran una vez más su ingenio y sensibili-

dad, aunque en su vida privada no demuestre especialmente ni lo uno ni lo otro. De todas maneras, con *Better Things*, para mí, se redime de todo.

Nanette. Hannah Gadsby
Este monólogo de la comediante australiana Hannah Gandsby se puede ver en Netflix. Véanlo, aunque no les gusten nada los monólogos. Véanlo, aunque a los dos minutos piensen que eso no es para ustedes porque los monólogos de una australiana de Tasmania lesbiana y gordita les traen sin cuidado. Es una hora de pura magia que empieza suave y de repente, no se sabe cómo, las palabras de Hannah Gandsby se van metiendo dentro y te tocas las mejillas y están húmedas. Una gran pieza. Única. Emotiva. Fascinante. Y que da mucho que pensar.

Elizabeth Moss en la segunda temporada de ***Top of the Lake*** y la segunda temporada de ***El cuento de la criada***. Hay muy pocas actrices que puedan interpretar con tantos matices, inteligencia y sensibilidad a una mujer normal con un físico normal y sin florituras, sumergida en eventos y peripecias extraordinarias y dolorosamente trágicas.

LECTURAS

No lo comprendo, no lo comprendo. **Akira Kurosawa**
Un fascinante librito que recoge tres conversaciones del maestro del cine con Donald Richie, Nagisa Oshima y Gabriel García Márquez. Sus inicios en el cine, su carrera de guionista, su incansable búsqueda del plano y la secuencia perfecta: después de leer este libro dan ganas de revisar todas sus películas.

Mapa de una ausencia. **Andrea Bajani**
Un libro hipnótico, melancólico, grave y curioso sobre la relación entre una madre fantasmal y un hijo abandonado con el marco de la deslocalización de las empresas italianas en Rumania. Se lee en un suspiro y se recuerda como un sueño.

Cómo liarla. **John Waters**
Un librito perfecto para regalar al hijo, sobrino o ahijado adolescente para sacudirles un poco la cabeza y que vayan enterándose de qué va la vida. Con letra grande y dibujos de Waters, para no asustarles de entrada.

Fuego y furia. **Michael Wolff**
Es un compendio de todas las cosas que pueden ir mal en el mundo en el que vivimos. Que semejante patán, que ni lee ni escucha ni le importa nada que no sea su propio ombligo sea presidente de Estados Unidos debería quitarnos a todos el sueño. Pero no. Gritamos a coro: «El rey está desnudo», pero al rey se la refanfinflan nuestros gritos.

El resurgir del pasado en España. Fosas de víctimas y confesiones de verdugos. **Paloma Aguilar y Leigh A. Payne**
El libro de estas dos historiadoras es probablemente el mejor y más concienzudo intento de explicar por qué en este país —y

perdón por citar el título de una de mis películas— el ayer no termina nunca...

Miedo. Stefan Zweig
Un relato apasionante, turbio y enigmático sobre una relación ilícita y sus consecuencias en la desafortunada protagonista de esta historia. Stefan Zweig se mete y nos mete en la piel de esta Madame Bovary desencantada y atormentada que es infiel de puro aburrimiento.

La librería más famosa del mundo. Jeremy Mercer
El canadiense Jeremy Mercer aterrizó un día en Shakespeare and Company, la librería que creó Sylvia Beach en los años veinte, y nos cuenta sus andanzas en este divertido libro cuya lectura nos empuja a leer aún más y a coger el primer avión rumbo a París, al 37 Rue de la Bucherie.

Me casé por alegría. Natalia Ginzburg
Un pequeño gran relato, lleno de comicidad e ingenio, y sorprendentemente contemporáneo de las oscuras razones que llevan a la gente a casarse. Un claro antecedente de la escritura de Elena Ferrante en más de un sentido.

Un debut en la vida. Anita Brookner
Amo las novelas de esta mujer que murió hace dos años y escribió los más complejos, fascinantes y enigmáticos retratos de mujer de la literatura contemporánea. Ahora se publica en España su primera novela y espero que se reedite pronto toda su obra. Nunca la soledad fue tan preciosa y fotogénica como en las novelas de Anita Brookner.

Qué vas a hacer con el resto de tu vida. Laura Ferrero
Una novela cautivadora que transcurre entre Ibiza, Barcelona y Nueva York llena de secretos, silencios y personajes esquivos que no son felices y se empeñan, como la mayoría de la gente, en serlo aún menos.

Hambre. Roxane Gay

El cuerpo como jaula, como cárcel, como muralla, como refugio y como pozo de secretos. Estas memorias de la escritora norteamericana Roxane Gay son dolorosas e iluminadoras sobre muchos aspectos de nuestra cultura que rinde un culto desproporcionado a la delgadez y mira por encima del hombro a los obesos sin preguntarse nunca porqué o cómo llegaron hasta allí. Un libro honesto y coherente con las ideas de la autora de *Mala feminista*.

Mujeres y poder. Mary Beard

Este pequeño libro de la historiadora Mary Beard es un prodigio de sabiduría, ironía, sentido común y conocimiento con argumentos apoyados en el enciclopédico saber de la autora. Desde Medusa a Teresa May, Beard traza un recorrido sobre las actitudes frente al poder de las mujeres. De esos libros que deberían estar en todos los colegios donde los alumnos todavía leen en vez de «googlear» contenidos masticados.

Antes que esto se acabe. Diana Athill

Después de una vida entregada a editar a grandes autores como Philip Roth y de escribir un libro extraordinario sobre una ruptura amorosa *(Instead of a Letter)*, Diana Athill emprendió una carrera de escritora de memorias, pasados los setenta. La mirada de una mujer extraordinaria sobre una vida plenamente vivida.

El sentido del asombro. Rachel Carson

Un precioso libro corto, pero de contenido inagotable, escrito por una mujer extraordinaria que fue pionera en muchos terrenos y que supo aunar ecología y literatura en su obra maestra *Primavera silenciosa*. En *El sentido del asombro* se reúnen las reflexiones sobre la observación de la naturaleza inspiradas en los paseos con su hijo adoptado a la muerte de su sobrina, que era la madre del niño. De esos libros que regalarías a todo el mundo.

El arte de la ficción. James Salter

Estas tres conferencias que dictó James Salter a los 89 años son una auténtica lección de literatura, de vida, de humildad y de ternura. De esos libros que, cuando hablan de Flaubert o Faulkner, parece que los estás viendo en el bar de la esquina. Una tarde con este libro es una tarde muy bien aprovechada.

El amor después del amor. Laura Ferrero y Marc Pallarès

Un libro que no solo contiene preciosos textos, sino además bellas ilustraciones. Con historias de rupturas y desengaños de la música, la literatura y el cine, este libro en el fondo nos habla de cómo el desamor es el caldo de cultivo perfecto para las almas creativas, desde Julian Barnes hasta Adele, pasando por Amy Winehouse o Bon Iver.

Susanna. Gertrud Kolmar

La escritora y poeta alemana, prima de Walter Benjamin, escribió esta su última novela en 1939 en un apartamento compartido con familias judías, que era una antesala de Auschwitz. Y es imposible sustraerse a esa sensación de febril urgencia que tiene esta historia de una institutriz al cargo de una chica perturbada que se embarca en una trágica aventura amorosa a caballo entre el delirio y la fantasía. La autora murió en 1943 en Auschwitz.

Entre ellos. Richard Ford

Los padres de Richard Ford no le maltrataron, ni le ignoraron, ni llevaron vidas exóticas y noveleras, y ahí está la magia de este libro, que no desdeña hablar de las minucias de que se compone la vida cotidiana de una pareja en los años cincuenta en Estados Unidos. En manos de cualquier otro autor, estas vidas no tendrían la menos importancia, pero hay algo luminoso y bello en la manera en que Ford convierte lo desdeñable en memorable. «Todo desaparece, salvo el amor».

***En el cuarto oscuro*. Susan Faludi**
Cuando la ensayista Susan Faludi recibe una llamada de su padre de setenta años, al que lleva años sin ver, comunicándole que ha cambiado de sexo y ahora se llama Geraldine, se inicia este libro amargo, turbio y fascinante, del que se pueden sacar mil conclusiones. O ninguna.

***Un viaje de novios*. Emilia Pardo Bazán**
La mujer que se echó a reír cuando su marido le dio el ultimátum «la literatura o yo» es una autora perspicaz, irónica y tremendamente moderna. Esta primera novela ya da una idea de todo lo que desarrollaría después en *Los pazos de Ulloa*, y es una visión desencantada y perspicaz de un viaje de novios a Vichy. Una Madame Bovary gallega triste, perdida y confundida, y una novela muy entretenida.

***Confesiones de un chef*. Anthony Bourdain**
Para recordarle como quería ser recordado: gamberro, desvergonzado, simpático, caradura y tremendamente vulnerable. Me hubiera gustado mucho conocerle.

***Nieve en otoño*. Irène Némirovsky**
Admiro a Irene Nemirovsky desde que leí *El baile* y la magistral *Suite francesa*. Pero en las 93 páginas de *Nieve en otoño* se encuentran condensados y destilados, todos sus temas: los emigrados rusos en París, las incombustibles amas de cría, la nostalgia de otra vida, la decadencia de la aristocracia. Una *nouvelle* que expande y encoge el corazón.

***Leche caliente*. Deborah Levy**
Un libro desconcertante sobre la asfixiante relación que une a una madre aquejada de toda clase de males y a una hija con un flagrante caso de codependencia extrema. La llegada de este dúo al sur de España para encontrarse con una especie de doctor/curandero especializado en casos extremos da lu-

NO TE VA A QUERER TODO EL MUNDO

gar a una sensorial y turbadora aventura, que puede turbar aún más si se toma como lectura de verano en la playa. Con momentos auténticamente hilarantes, aunque siempre con un regusto amargo, como el viaje relámpago a Grecia de la protagonista.

La hermana menor. **Mariana Enríquez**
Un retrato fascinante de Silvina Ocampo, la escritora argentina que siempre permaneció a la sombra de su hermana mayor, la formidable Victoria Ocampo, y de su marido Adolfo Bioy Casares. Alguien a quien me hubiera gustado conocer.

Virgen. **April Ayers Lawson**
Una colección de relatos protagonizados por heroínas bastante perturbadas, atrapadas en matrimonios condenados al fracaso, en ambientes turbios, cargados de fundamentalismo religioso y miedo al prójimo. Revelador.

Crímenes del futuro. **Juan Soto Ivars**
Un libro fascinante, cuya sinopsis puede sonar a una versión adulta de los *Juegos del hambre*. Tres episodios protagonizados por mujeres (Pálida, la mujer ciega, mi favorita) que se entrecruzan hábilmente para hacernos perder pie en un magma de tiempo que ya no se sabe si es el futuro, el pasado o el esquivo presente. Un libro que define a la perfección esa pálida niebla a la que llamamos realidad. Para leer en una de esas playas, cuyas olas están cubiertas de la grasa de los bronceadores baratos de los supermercados.

Confabulaciones. **John Berger**
Hablando de canciones de Johnny Cash, de flamenco, de encuentros o de desencuentros, la mirada lúcida y tierna de John Berger es capaz de explicar el universo en todo su esplendor, sin olvidar nunca el horror. Inagotable Berger. Inolvidable.

L'art de portar gavardina. Sergi Pàmies

Los libros de Sergi Pàmies, como los de Bioy Casares en su momento, cada vez dicen más cosas en menos páginas. En los hue-
cos de las cosas que no cuenta está toda la melancolía del mundo,
y al terminar estos relatos, en un suspiro, te das cuenta que en tu
cara hay una sonrisa triste y un poco amarga, casi como si fueras
finlandés y aparecieras de extra en una película de Kaurismäki.

Comimos y Bebimos. Ignacio Peyró

Uno de esos raros y deliciosos libros que hablan de comer y de la
comida, sin embustes, sin postureo y con una necesaria sinceridad. Es un placer recorrer un año de comidas con Ignacio Pe-
yró y estar tan de acuerdo con él en las abominaciones con que
los nutricionistas de turno nos quieren amargar la vida: ¡viva el
queso y abajo el culto al sobrevalorado desayuno!

Su cuerpo y otras fiestas. Carmen María Machado

Ocho cuentos le han bastado a esta escritora estadounidense de
origen cubano para situarse entre los más prometedores escritores jóvenes en lengua castellana. Sangre, cuchillos, cabezas cor-
tadas, mujeres lúcidas que se entregan a todo aquello que pueda
destruirlas: son relatos con un regusto gótico y sensual verda-
deramente original.

Para Helga. Bersveinn Birgissono

Un cuento islandés con olor a tierra y a lana húmeda de carne-
ro, que contiene la manera de conservar cadáveres más original que recuerdo.

El río de la conciencia. Oliver Sacks

Dos semanas antes de morir, el autor de *El hombre que confundió a
su mujer con un sombrero* y *Despertares* dejó preparada esta colección de ensayos fascinantes que responden a una pregunta que
planea sobre toda su obra: ¿qué nos hace humanos? Pocos neuró-

logos han sabido acercar al gran público con tanto encanto temas tan complejos como el funcionamiento del cerebro humano.

Mi año de descanso y relajación. **Ottessa Moshfegh**
No es este libro precisamente un manual de autoayuda para alcanzar el nirvana. Es una novela ácida, amarga, triste y divertida sobre una mujer que intenta sobrevivir a una depresión profunda con toda clase de ansiolíticos, con la vana esperanza de que, cuando haya dormido suficiente, el dolor inmenso que la invade habrá pasado. Un retrato de una cierta generación que no sabe lidiar con la tristeza y el vacío existencial sino es con películas de Whoopi Goldberg y toneladas de química.

La casa de los lamentos. **Helen Garner**
La escritora australiana asistió durante meses a las sesiones del juicio real contra un hombre acusado de acabar con la vida de sus tres hijos pequeños. El relato es un fascinante retrato del corazón humano ante el crimen, la maldad y las mentiras que tenemos que contarnos a veces para seguir existiendo.

Sodoma. **Frédéric Martel**
El periodista francés ha pasado cuatro años investigando la mafia rosa del Vaticano y sus conclusiones son explosivas: para saber si un cardenal o chambelán o miembro de la curia vaticana es homosexual, basta conocer sus comentarios homófobos . A mayor homofobia, más homosexualidad. Un libro fascinante, bien argumentado y documentado, que explica muchas cosas que se han barrido y se barren bajo la alfombra de la hipocresía católica.

La novela de la costa azul. **Giuseppe Scaraffia**
Leer este libro equivale a unas vacaciones idílicas en un lugar que no existe, como lo vio Rudyard Kipling «[...] el sol, el aire, los pinos, el azul del mar, sin que vengan los ingleses a cargárselo todo». Ameno, entretenido, refrescante y muy bien documentado.

¡*Daha!* Hakan Günday

Una novela implacable sobre el tráfico de personas en el Medi-terráneo, contada desde el punto de vista de un chaval, hijo de un traficante, que, para orgullo de su padre, empieza a dar sus primeros pasos en el negocio. La novela fue escrita en el 2013 y desde entonces han pasado cosas aún más horribles en este mar nuestro. Esta novela atroz y necesaria es capaz de transportarnos al corazón de la tragedia, sin sentimentalismos ni concesiones a lo políticamente correcto. Es de esas novelas que duelen. El director Onuk Saylak la llevó al cine con el mismo título.

Cuando te envuelvan las llamas. David Sedaris

Leer cualquier libro de David Sedaris es como estar sentado una tarde con tu mejor amigo gay, que además es la persona con más sentido del humor del planeta, capaz de convertir las peores desgracias en una carcajada continua. No sé si son estrictamente verdad las cosas, supuestamente reales, que cuenta de su familia, pero ¿qué importa? Un libro descacharrante, como todos los suyos.

Doctor Zhivago. Boris Pasternak

Confieso que hasta hoy no lo había leído, y ver la película de nuevo me ha impulsado a descubrir el libro, que es denso, largo, a ratos confuso, a ratos farragoso, pero que posee el sello indeleble de lo vivido y de lo inventado a través de lo vivido. Un libro que te transporta a un episodio de la historia con sentido y sensibilidad. Aunque cada vez que aparece Lara no puedes evitar oír el tema de la película en tu cabeza.

Motherland. Virginia Mosquera

Soy de esas madres que no tiene una idea especialmente glamurosa o épica de la maternidad (de hecho, una de las frases que más repito es «La maternidad está muy sobrevalorada»), así que este libro de Virginia Mosquera me ha encantado. Escrito con ternura y amor al detalle, en forma de carta a su hija mayor, poco después de que la autora alumbre otro vástago, el libro pasa por toda la montaña rusa emocional por los que una mujer de nuestros días pasa cuando es madre y no quiere dejar de ser un ser humano. No apto para mujeres que quieran seguir teniendo una idea falsa de la maternidad.

Canción de Navidad. Charles Dickens
La fascinación mórbida de Dickens por la Navidad es algo que me ha flipado desde pequeña. Y por eso, cada Navidad me da por leer este libro y llorar cuando aparece el fantasma de las navidades pasadas...

Serotonina. Michel Houellebecq
Todavía no lo he leído, pero lo tengo ahí esperando en mi mesilla de noche. Sé que me va a gustar. Por desgracia, lo sé...

Sally Rooney
He leído los dos primeros y únicos libros de la jovencísima autora, *Conversaciones con amigos* y *Normal people,* y confieso haber llorado como una madalena con los avatares amorosos de estos personajes a los que no conozco, pero querría conocer y tomarme un café con ellos y abrazarles y decirles: «Os entiendo, os entiendo tanto...».

La serie de libros del comisario Georges Dupin de Jean-Luc Bannalec (seudónimo de Jörg Bong), que transcurren en Bretaña.
Lectura fácil y plácida para momentos en los que se tiene el encefalograma tirando a plano, llena de lugares comunes, pero con mucho encanto. Georges Dupin desayuna *croissants*, intenta bajar sin mucho éxito su nivel de consumo de cafeína, come langostinos y almejas y deambula por senderos que llevan inevitablemente hasta el mar. Su compañero, el inspector Le Ber, un experto en las tradiciones bretonas, intenta convencer al impasible Dupin de que los bretones descubrieron América, inventaron Halloween y prácticamente están detrás de todos los grandes avances de la Humanidad.

Cuando Rosa María Sarda me recomienda un libro, corro a comprarlo y nunca me decepciona. La selección de cuentos de **Mary Lavin** *En un café* es un primoroso ejemplo del enorme poder de evocación que puede tener un puñado de páginas. Hay un torrente de vida y dolor y muerte y melancolía que corre debajo de las aparentemente plácidas historias de Mary Lavin. O sea que, de nuevo, ¡gracias, Rosa!

MÚSICA

High as Hope. **Florence and The Machine**
El grupo vuelve con un disco lírico, electrizante y energético
que toca temas como los trastornos alimenticios, la soledad en
la carretera o los desengaños alimenticios. Cada vez que veo a
Florence en directo, alucino más. Qué presencia, qué fuerza,
qué salvaje, qué todo.

Cigarettes After Sex. **Greg Gonzalez**
Un disco melancólico de música con base electrónica y la dulce
y andrógina voz del americano que parece que te susurre al oído, para escuchar exactamente en el momento al que se refiere el
nombre del grupo. No en vano, Greg Gonzalez habla de Françoise Hardy como su gran influencia. Podría ser la banda sonora de
un film de John Dahl, si John Dahl siguiera dirigiendo películas...

Until the Hunter. **Hope Sandoval and The Warm Inventions**
El título hace referencia al dicho africano «Hasta que el león no
cuente las historia, la historia de la caza la contará el cazador».
Hope Sandoval posee una de las voces más sensuales y personales de la historia del pop, y las preciosas canciones de este disco
son una inmejorable compañía para este fin de verano: prueben a
escuchar sin emocionarse la preciosa canción «Let Me Get The-
re» que canta a dúo con Kurt Vile.

Ella Wishes You a Swinging Christmas. **Ella Fitzgerald**
El mejor disco de canciones de Navidad que se ha grabado nunca.
Si alguien puede escuchar «Have Yourself a Merry Little Christmas» sin sentirse como la pequeña cerillera, es que no tiene corazón.

Aromanticism. Moses Sumney
El cantante californiano se declara asexual y arromántico, pero lo hace con canciones llenas de energía y preciosismo: «Make Out In My Car», «Plastic» y «Quarrel» son temas muy potentes.

La nuit est encore jeune. Catastrophe
Un disco electrónico con alma y poesía no es tan fácil de hacer. Y Catastrophe lo consigue en este disco lleno de coros atmosféricos y referencias literarias.

Amour chien fou. Arthur H
La *chanson* está más viva que nunca en la voz ronca y única de Arthur H. cantando «La boxeuse amoureuse» o «Tokyo Kiss». Un disco de niebla y champán y melancolía.

Ayo. Bomba Estéreo.
He recomendado en el pasado canciones del grupo colombiano Bomba Estéreo, y este es su último disco. Un álbum que tiene la virtud de que, si lo escuchas por la mañana, te pone en marcha, y por la noche, en cambio, te relaja. Palabra.

The Tree of Forgiveness. John Prine
Hay voces magníficas que transmiten menos emoción que una máquina expendedora de tabaco estropeada y luego está la voz rota, viva y única de John Prine, un oscuro cantante y compositor de temas míticos como «Christmas In Prison», que, a los setenta años, tras superar un cáncer de garganta, publica un disco nuevo.

The Horizon Just Laughed. Damien Jurado
Escucho en bucle la canción «Allocate», contenida en este puñado de preciosas canciones de Damien Jurado, y siento que ahí fuera alguien me entiende muy bien. Canciones que consuelan.

Lady, Lady. Masego
Un disco de mezcla con una elegancia extraordinaria el *trap*, el jazz y el house y que habla con mucha sensibilidad, en las antípodas de las letras al uso, de relaciones, amores y desamores. Denle una oportunidad porque no es lo mismo.

Swimming. Mac Miller
Gracias a mi hija he vencido los estúpidos prejuicios que me impedían escuchar a este rapero blanco, recientemente fallecido. *Swimming* es un disco sin desperdicio, enérgico, elegante, melancólico y redondo.

Piano and Microphone 1983. Prince
Esta grabación de 1983 recoge una gira del mismo año que hizo Prince únicamente provisto de un micrófono y un piano. Escuchar «Purple Rain» o «Mary Don't You Weep» en vivo, sin arreglos ni orquesta, produce una extraña sensación, como si Prince nos estuviera susurrando sus cuitas en el salón de nuestra casa.

Vagamundo. Santiago Auserón
Las versiones con orquesta sinfónica de los temas incombustibles de Santiago Auserón son una prueba más de su talento: es nuestro Jaques Brel caribeño, nuestro Leo Ferré sin Saint Germain des Prés, pero con mucho Rimbaud y Verlaine.

Learning How to Stay. Gaelynn Lea
Cuando escuché este disco bello y melancólico, no sabía que su autora e interprete medía apenas ochenta centímetros y tenía una enfermedad llamada osteogénesis imperfecta que afecta al desarrollo de los brazos y las piernas. Escúchenlo y luego «googleen» los vídeos llenos de emoción de la compositora americana.

Jeff Goldblum and The Mildred Snitzer Orchestra. Jeff Goldblum
Un disco capitaneado por el icónico actor con la colaboración de la cantante Hailey Reinhart, con versiones simpáticas de te-

mas eternos. Buena banda sonora para fiestas tranquilas de fin de año.

Primavera. Cathy Claret
Un precioso disco, que de momento solo está editado en Japón, con un ramillete de bellísimas canciones compuestas e interpretadas con sensibilidad por la cantante francesa, que son el equivalente a un masaje tántrico para los oídos y el alma. Como una lluvia de verano en un día de bochorno.

Bye-bye Berlin. Marion Rampla, Quatuor Manfred y Raphaël Imbert
Un precioso disco atmosférico y nostálgico que evoca el Berlín de los años veinte, con el Manfred Quartet y la preciosa voz de Marion Rampal. Canciones de Kurt Well que suenan como nunca. Y letras de Brech, que son atemporales.

The Capitalist Blues. Leyla McCalla
Una voz preciosa y muy particular, cantando *blues* con letras cargadas de ironía. Un disco que reconcilia con el frío de febrero.

Art and Life. Ed Askew
Tiene 77 años y suena como una especie de Bob Dylan, si Bob Dylan amara a la humanidad. El disco *Art and Life* no tiene desperdicio. Hace mucha compañía en frías tardes de invierno, mientras esperas a los que tienen que arreglar la calefacción que no llegan nunca.

«Los demás». Alberto Cortez
Sé que muchos de ustedes recordarán al argentino Alberto Cortez como al cantautor de «Cuando un amigo se va» o «Los ejes de mi carretea» en los años sesenta. Yo no había vuelto a escucharle hasta el otro día en un taxi, donde estaba sonando la milonga, desconocida para mí, «Los demás». Y debo confesar que la letra me dejó pegada al asiento del taxi: «Las verdades ofenden si las dicen los demás, las mentiras se venden, cuando compran los demás, somos jueces mezquinos del valor de los demás,

pero no permitimos que nos juzguen los demás... Y olvidamos que somos los demás de los demás». Ahí lo dejo.

«Lowdown». Boz Scaggs
Llevo más de treinta años escuchando esta canción del cantante norteamericano y no me canso.

«Felices los 4». Maluma
Confieso una debilidad inexplicable por esta canción. La frase: «[...] y agrandamos el cuarto» es muy, muy, muy grande.

«Sister». Tracey Thorn con Corinne Bailey Rae
Tracey Thorn vuelve con energía y este tema cañero y melancólico de su nuevo álbum *Record*. Para los fans de toda la vida de Tracey y para los *millenials* que no la han descubierto, aunque no tardarán.

«Island Letter». Shuggie Otis
Una preciosa canción de 1974 con la voz aterciopelada de Shuggie Otis que te permite olvidar por minutos que estamos en 2018.

«Love me right». Amber Mark
Una preciosa canción romántica sin un átomo de cursilería, cantada por la voz de terciopelo de la joven Amber Mark. Adictiva.

«Pourquoi Pourquoi». Corine
La cantante francesa parece salida de un vídeo de Eva Nasarre y los primeros compases de esta canción traen recuerdos de conversaciones banales entre mujeres en películas francesas olvidadas. Y es absolutamente irresistible.

«Bad Bad News». Leon Bridges
Una canción irresistible con coros no menos irresistibles, del cantante de *neosoul*. «I made a good good thing with bad bad news»: alguien tiene que hacerlo.

«Jipi, punki o mod». Los Ganglios

Desde que mi hija me descubrió esta canción de los Ganglios, no puedo parar de tarareara. «Perdona que te intercepte en tu recorrido, quiero hacerte una pregunta, no te enojes conmigo, como llevas cresta y rasta y los ojos pintados, aquí todos no preguntamos "¿de qué va ese pavo, jipi punki o mod?"». Un himno.

«Nem eu». Salvador Sobral

La única cosa digna de Eurovisión en los últimos años ha sido la presencia del cantante portugués Salvador Sobral. Su aparición con Caetano Veloso hace una semana hizo aún más patente la abismal distancia entre dos verdaderos artistas y... las ofertas de un supermercado *low cost*. Escuchen «Nem eu» de Salvador Sobral, escúchenla y me lo agradecerán.

«I'm Not a Hipster». Cintia Lund

Canción para escuchar y ver. Un precioso y potente tema de la talentosa cantante Cintia Lund, que debería ser mucho más conocida de lo que es. Y un *clip* formidable, editado con imágenes de The Adam's family, absolutamente adictivo.

«Human». Sevdaliza

La cantante iraní cautivó en el Primavera Sound y este es un gran tema para iniciarse en ella.

«Geyse». Mitski

La voz de la cantante americano-japonesa Mitski es tremendamente personal: no se parece a ninguna otra, por mucho que uno quiera buscarle parecidos. Y «Geyser» es una misteriosa canción que parece surgida de una oscura película de zombis enamorados.

«Are You Having Any Fun?». Elaine Stritch

Una canción que me consigue poner de buen humor, incluso después de leer los periódicos del día, es esta canción de Elai-

ne Stritch, una actriz/cantante formidable, que robaba todas las
escenas de las películas que interpretó.

«I Want To Be Evil!». Eartha Kitty
En algún lugar del más allá deben de estar Nina Simone, Billie
Holiday y Eartha Kitty tomando vodka y riéndose a mandíbula
batiente de la humanidad entera y sus trágicos vaivenes.

«Home Soon». Dope Lemon
Un ritmo caribeño ejecutado por un grupo norteamericano que,
cerrando los ojos, te traslada a playas desérticas con chiringui-
tos donde sirven los mejores daiquiris del planeta.

«Chanson de Juin». Alfonso Vilallonga
En YouTube se puede ver el videoclip de esta canción en el que el
compositor y cantante más personal, original e irreverente de nuestro panorama patrio, el general Alfonso Vilallonga. Una canción en
francés y unas imágenes rodadas en Castellterçol entre prados y
ovejas, que dan ganas de bailar la lluvia, hacer pícnics con champán y salchichón y enamorarse durante una tormenta de verano.

Nathy Peluso
La argentina con acento indecible hace *trap* mezclado con lo
que le da la gana y el resultado es fresco, sorprendente y rabio-
samente personal. Para los que estén hartos de cantantes gené-
ricas, inofensivas y aburridas.

Le Bâtiment
Los jóvenes intérpretes franceses interpretan las canciones de
Leo Ferré con respeto, cariño y mucho *savoir faire*. Mi preferida
es la emocionante **«Á Saint-Germain-des-Prés»** que no pier-
de ni un ápice de su encanto en esta versión.

Recomendación para una tarde tonta: escuchar seguidos *Abbey
Road* y el álbum de *The Beatles* y darse cuenta de que ninguno

225

de los grupos que hoy arrasan, incluidos los de *rap, trap, trance* o hasta si me apuntas, los reguetoneros, han inventado nada.

La banda sonora de *Tres anuncios en las afueras* de Carter Burwel. Es una pura delicia y acompaña como un guante las andanzas de Frances McDormand y Sam Rockwell en la película de Martin McDonagh.

La banda sonora de la película *La forma del agua* de Alexander Desplat.
Una pura delicia que le brindará su próximo Óscar. Me juego lo que sea.

Si buscan serenidad escuchen la banda sonora de ***Todas las mañanas del mundo*, la película de Alain Corneau con dirección de Jordi Savall**.

La banda sonora de *Cleo de 5 a 7* mientras recordamos a Agnès Varda.

COSAS QUE NO PUEDO SOPORTAR

Los suplementos veraniegos de la prensa que reciclan y refríen todos los temas que han usado en veranos pasados, como si el calor provocara una amnesia repentina en el sufrido lector. Un solo relato más sobre veranos y veraneos de la niñez de los escritores nacionales y me pongo a cantar el nuevo himno de Georgie Dann «Que viva el vino» a grito pelado.

Los programas televisivos de «investigación» con fanfarrias, tono solemne y vagamente policial, que se van a Benidorm a meterse con los «mojiteros», los desgraciados que se ganan la vida llevando a los turistas mojitos en la playa. Francamente, si el gran problema de Benidorm son los mojitos de garrafón, apaga y vámonos.

Comprendo perfectamente que, después del atentado de Barcelona, todos nos encontramos perplejos, acojonados («no tinc por», pero acojone sí) y sin muchas referencias para explicar por qué ha pasado lo que ha pasado. Pero encuentro particularmente desesperante los testimonios de los que conocieron a los terroristas y siguen insistiendo en lo buenos que eran, lo integrados que estaban y lo bien que jugaban al fútbol. Las señales, igual que en la violencia de género, siempre están ahí. Que las sepamos o queramos ver es otra cosa.

El inodoro de oro de Maurizio Cattelan que se exhibe en el baño del Guggenheim de Nueva York y por el que han pasado ya más de cien mil visitantes que no han dudado en hacer colas de hasta tres horas por el dudoso privilegio de posar sus posaderas en él. Una prueba más de la estupidez humana puesta en solfa una vez más por el astuto artista italiano.

¿Alguien puede decirme qué demonios pinta Taylor Swift en la portada de la revista *Time* que declara a las mujeres que han alzado la voz contra el acoso sexual como personajes del año?

¿De verdad necesitan que les diga lo que tienen que evitar? Véase *El día de la marmota*.

Los manifiestos, los contramanifiestos y los contracontramanifiestos. Las mujeres, por una vez, deberíamos ponernos de acuerdo en las cosas fundamentales y dejar que coexistan opiniones a veces contrapuestas sobre lo accesorio. Si Catherine Deneuve teme que esta oleada de acusaciones a hombres con las manos largas acabe con el flirteo de toda la vida, es su opinión y punto. ¿A santo de qué un manifiesto cargándose a una mujer que con su vida y sus películas ha demostrado ser inteligente y libre?

Los hoteles donde se celebran congresos, eventos, convenciones de productos de belleza y reuniones de franquiciados. Cuando haces la reserva, los huéspedes que no pertenecemos a ninguno de esos colectivos deberíamos ser avisados, porque los ascensores se colapsan, las colas para el café en el desayuno son eternas, los gritos en los pasillos a las cuatro de la mañana hacen imposible descansar y la vida en general, la vida del viajero que viaja, solo se hace notablemente más difícil.

Creo que me estoy volviendo una mala feminista. Yo, con que me paguen lo mismo que a los hombres por hacer el mismo trabajo y con que estos no dejen tirados los calcetines y hagan la cama de cuando en cuando, ya me conformo.

La política catalana se está convirtiendo en un sainete a caballo entre la última temporada de *Expediente X* y las intervenciones televisivas de Leticia Sabater; no se sabe qué da más pena, vergüenza o infinito estupor.

Los comentarios en la prensa catalana criticando a los actores y directores que fuimos premiados hace dos semanas con un montón de premios Goya: parece que cometimos el imperdonable error de no mencionar a los «políticos presos». Ah, y no hablamos en catalán. Ingenua de mí, parece que les ha sentado fatal. De verdad que cada vez creo más en la teoría de que han puesto algo en el agua.

A evitar: himnos. Salmos. Elegías. En su lugar, cantemos a coro «La lista de la compra»: «Una mano mira al cielo, otra en el cajón del pan, estoy harta de tanto frotar».

Cada vez que un concursante de *First Dates* dice al despedirse de alguien al que claramente detesta: «Eres muy majo/a y me has caído genial, PERO como amigo/a», muere una camada de gatitos en algún lugar del mundo.

Las peleas entre diferentes facciones del feminismo. ¿De verdad que no podemos avanzar juntas hacia algún sitio por meras cuestiones de matriz?

La injerencia de Rusia en las situaciones políticas de numerosos países parece cosa probada, pero eso no debe hacer que olvidemos la injerencia de Estados Unidos también en muchos países, tanto en el pasado como ahora mismo.

Me pregunto por qué, sabiendo lo que sabemos, la gente sigue teniendo cuentas en Facebook.

El próximo día del libro, recordemos algunos datos: el 65 por ciento de las mujeres leen algún libro al año, frente a tan solo el 54 por ciento de la población masculina. Ahí lo dejo.
Que todo el mundo compre un libro o varios el Día del Libro es estupendo. Si encima los leyeran, ya sería la bomba.

Ser auténtico cada vez está peor visto. Y ser auténticamente falso parece que es lo que más mola.

El árbol que, ante todas las cámaras del planeta, plantaron Emmanuel Macron y Donald Trump —esa pareja feliz— fue arrancado, instantes después de que las cámaras se retiraran. Era, como tantas cosas, un gesto solo para la foto.

Es necesidad enfermiza de tener Gobierno. Mi propuesta es que metan a todos los hipotéticos candidatos/as en un *escape room* y que el/la primero/a que salga, para él/ella, el cargo. Al menos algún mérito habría demostrado.

Cada vez que veo a Torra, no puedo evitar pensar en la frase de Javier Cercas «estaría más tranquilo si el *president* fuera un paciente escapado de Sant Boi con una sierra eléctrica en las manos». Y me entra una risa floja que poco a poco se transforma en sollozos.

Llevo varias semanas en Galicia y es un enorme alivio leer la prensa local y saber de romerías y ofrendas florales a Santa Rita y noticias sobre la subida del precio del pulpo que obliga a los supermercados a ponerle alarmas antirrobos al ilustre cefalópodo: me va a costar volver a la cansina realidad de las cruces amarillas y la palabrería hueca y las miradas de desagrado y el rictus de amargura.

Viendo en el canal 24 horas, la moción de censura y los discursos de todos los partidos, pensé que lo único auténtico y real de todo aquello eta la traductora al lenguaje de signos. Lo único.

Cada vez que veo un anuncio de una compañía de cruceros pienso en la inmensa *felicità* que me proporciona la idea de que no pienso embarcarme en ninguno.

La lista de los 50 mejores restaurantes del mundo. En ninguno sirven croquetas. O sea ¿eso cómo se come?

Si el *Diccionario de la Real Academia* va a admitir la palabra «machirulo», propongo que también admitan «papichulo» y de paso «bocachancla».

Hacer turismo: hagan como el protagonista de *El turista accidental*, de Lawrence Kasdan, y no se muevan del sillón, rodeados de guías de viajes.

Ratafía.

Volver...
La vuelta al cole, a las obligaciones y a la rutina va a ser dura, almacenen buenos recuerdos porque les harán falta. ¡Buen verano!

Los patinetes eléctricos. A menos que el ayuntamiento nos autorice a los peatones a utilizar una pistola Taser cada vez que nos embistan.

Resulta ya casi completamente imposible evitar que los periódicos, en cualquiera de sus soportes, repitan hasta la saciedad las calumnias que alguien decididamente malintencionado, rastrero y ruin, manipula a su antojo. Jamás, como es bien sabido, he tenido el menor problema sosteniendo las cosas que he dicho. Pero me jode sobremanera que pongan en mi boca las cosas que yo no he dicho. Pero si tuviera que responder, puntualizar, rebatir y corregir esas cosas, no daría abasto. Y la vida es muy corta. O sea: yo SÍ he dicho que siento RESPECTO A LA REALIDAD DEL MUNDO (Trump, Putin, el calentamiento global, el turbocapitalismo, el #MeToo...). Como en la película de Frank Darabont *The mist* (*La niebla*), que transcurre en un supermercado rodeado de una espesa y misteriosa niebla tras la cual se ocultan zombis. Con esa imagen, que utilicé en el Festival Hay de Segovia, y que he utilizado en ocasiones anteriores. NO me refería a Catalunya, sino al momento que vivimos los ciudadanos de a pie, donde es imposible saber qué fuerzas mueven los hilos del mundo y en el que las herramientas que teníamos en el pasado para analizar la realidad ya no nos valen.

Me pregunto a quién y por qué le interesa poner en mi boca que Catalunya es un país de zombis. Y, francamente, no sé si quiero saberlo.

Que un ideólogo de la crida de Puigdemont diga que la independencia tardará más sin muertos me hace pensar que no hay nada que pudiera gustarle más que unos cuantos mártires difuntos. O que está pensando en suicidarse, pero no lo creo.

Una palabra más sobre el término «apropiación cultural» y mi cabeza empezará a dar vueltas como la de la niña del exorcista. La cultura, hasta la de los aborígenes en la selva más apartada del mundo, está basada en la apropiación: apropiación de la vida, de la vida vivida o de la vida imaginada. Esto es así.

Desde Tokio, donde escribo estas líneas, el mundo de Torra y sus apóstatas aún me parece más marciano, ajeno, ridículo y peligroso. Que después de lo de Eslovenia, nadie de su entorno (porque alguien cuerdo tiene que haber, ¿no?) lo lleve a un rincón y le lea la cartilla, es una prueba más de que estamos en manos de una cuadrilla de descerebrados. Y mira que está lejos Japón...

Entro en una tienda de alimentos orientales llevada por señoras muy airadas, que venden sushi *catalá* y cerveza Llibertat presos políticos. Compro una botella de salsa de soja, una botella de sake y unos *noodles*. Coge mi tarjeta de crédito con asco y me miran con odio mientras pongo mi pin en la maquinita. Tengo muy pocas certezas, pero que la estupidez no tiene límites, es una de ellas.

Un año más perdido en la lucha contra el calentamiento global. Van quedando menos.

A veces tengo una pesadilla: me encierran en Guantánamo y me torturan poniéndome en días alternos un vídeo de Cardi B donde el *twerking* llega ya a extremos escatológicos y el discurso de Navidad de Torra.

La horrible sensación de que los procesistas practican huida hacia adelante constante: saben que se han equivocado, pero nunca lo van a reconocer, con lo que siguen manteniendo el tipo con más soberbia, con más indignación y con el tono más alto. Como si así acallaran el sentimiento de haberla cagado.

Quiero enviar un cariñoso saludo desde aquí a todos los que han tenido el detalle de acordarse de mí después de que saliera en un vídeo diciendo cosas tan obvias como que España es una democracia. Sus comentarios (el más bonito de todos: «Tarada de mierda») me hacen ver una vez más que recordar obviedades es más necesario que nunca. Venga, un saludo, y a mandar.

La gente que se cuela con grandes aspavientos en los controles de los aeropuertos y luego los ves en el mismo vuelo que tú, que los has dejado pasar.

Los programas radiofónicos que comentan en directo el juicio de marras como si se tratara de un partido de fútbol.

Confieso observar con hilaridad malsana y creciente las desventuras de los políticos británicos durante las negociaciones del *brexit*. Algunos de ellos superan con mucho en indignidad a los palurdos de Blakpool que hacen «balconing» en Magaluf.

Adoptemos a Jacinta Barrer como presidenta de Catalunya, España, Andorra, Europa, América y del mundo. Seguro que algo mejor nos iba a todos.

Los famosos que explican improbables episodios de acoso, de *bullying*, de maltrato, con el incrédulo objetivo de dar pena y atraer simpatía. Se nota a la legua el exacerbamiento que roza la mentira pura y dura, se nota mucho, y da mucho asco.

Háganme caso y apaguen los micrófonos de sus teléfonos móviles YA, amén.

ÍNDICE